遠流

81個練習，找回內在陽光小孩

讓生活更愉快、主動、有創造力

優莉亞・托慕夏（Julia Tomuschat）——著
不言——譯

Das Sonnenkind Prinzip

《大眾心理學叢書》

出版緣起

王榮文

一九八四年，在當時一般讀者眼中，心理學還不是一個日常生活的閱讀類型，它還只是學院門牆內一個神祕的學科，就在歐威爾立下預言的一九八四年，我們大膽推出《大眾心理學全集》的系列叢書，企圖雄大地編輯各種心理學普及讀物，迄今已出版達二百種。

《大眾心理學全集》的出版，立刻就在臺灣、香港得到旋風式的歡迎，翌年，論者更以「大眾心理學現象」為名，對這個社會反應多所論列。這個閱讀現象，一方面使遠流出版公司後來與大眾心理學有著密不可分的聯結印象，一方面也解釋了臺灣社會在群體生活日趨複雜的背景下，人們如何透過心理學知識掌握發展的自我改良動機。

但十年過去，時代變了，出版任務也變了。儘管心理學的閱讀需求持續不衰，我們仍要虛心探問：今日中文世界讀者所要的心理學書籍，有沒有另一種層次的發展？

在我們的想法裡，「大眾心理學」一詞其實包含了兩個內容：一是「心理學」，指出叢書的範圍，但我們採取了更寬廣的解釋，不僅包括西方學術主流的各種心理科學，也包括規範性的東方心性之學。二是「大眾」，我們用它來描述這個叢書的「閱讀介面」，大眾，是一種語調，也是一種承諾（一種想為「共通讀者」服務的承諾）。

經過十年和二百種書，我們發現這兩個概念經得起考驗，甚至看來加倍清晰。但叢書要打交道的讀者組成變了，叢書內容取擇的理念也變了。

從讀者面來說，如今我們面對的讀者更加廣大、也更加精細（sophisticated）；這個叢書同時要了解高度都市化的香港、日趨多元的臺灣，以及面臨巨大社會衝擊的中國沿海城市，顯然編輯工作是需要梳理更多更細微的層次，以滿足不同的社會情境。

從內容面來說，過去《大眾心理學全集》強調建立「自助諮詢系統」，並揭櫫「每冊都解決一個或幾個你面臨的問題」。如今「實用」這個概念必須有新的態度，一切知識終極都是實用的，而一切實用的卻都是有限的。這個叢書將在未來，使「實用的」能夠與時俱進（update），卻要容納更多「知識的」，使讀者可以在自身得到解決問題的力量。新的承諾因而改寫為「每冊都包含你可以面對一切問題的根本知識」。

在自助諮詢系統的建立，在編輯組織與學界連繫，我們更將求深、求廣，不改初衷。

這些想法，不一定明顯地表現在「新叢書」的外在，但它是編輯人與出版人的內在更新，叢書的精神也因而有了階段性的反省與更新，從更長的時間裡，請看我們的努力。

推薦的話

歡迎回來，我們的陽光小孩！

臨床心理師／曾心怡

從剛翻開書的開始數十頁，我就有種迫不及待要分享這本書給大家的衝動。不論你／妳是正在尋找幸福路上的成年男女，或是正被許多教養育兒弄得昏頭轉向的父母，都值得好好花些時間坐下來看看陽光小孩，從這本書，到你自己內心的那一位。

你有多久沒放聲大笑了呢？收到本書文稿的同時，我帶著孩子去遊樂園玩，那是一個陽光從雲層透出的午後，灑落在半空中的旋轉飛機上，上頭載著一對對笑開懷的親子，翩然經過我的眼前。我記得其中一位母親的笑容，那個迎著風、發自心底的笑容，更甚她身旁的孩子。而當我自己帶著孩子搭上旋轉飛機時，我明白了那個笑容的瞬間，有著童年的畫面，拋下了腦中原本的思慮與待辦事項，那是我的陽光小孩。

正向心理學之父馬丁．賽里格曼（Martin Seligman）在二〇〇〇年的文章中提到，二次大戰後，心理學方面的知識關注在病理與治癒，其中正向心理學的目的是在幫助人們修復之外，也要從生活中建立正向的價值，包含幸福感、滿足、希望與樂觀，以及現下的快樂。

對了，你偶爾也可以放聲大哭。本書第一章提到：「若想找回你的內在陽光小孩，就必須先處理存在你內心的黑暗面。」哭泣這件事，常被聯結到憂鬱，脆弱等負面觀點，也會讓我們想到幼年時某個大人喝斥我們「不准哭！」的畫面。然而，過度壓抑負面情緒的結果，往往可能會使情緒更加混亂，也可能到最後連你都不知道自己怎麼了，又如何找到內在的需要？

這本《81個練習，找回內在陽光小孩》的篇章安排很貼心，沒讓讀者等太久，從第三章就詳細告訴你找回陽光小孩的各種實作練習。包括了找出童年時期的藏寶盒、和別人說個故事、跳個舞、蹦蹦跳跳動一動，甚至是改變一下日常習慣，這些被作者認為坐而言不如起而行的練習，我不僅看得津津有味，更忍不住真的練習在洗澡時大聲唱起歌來。

曾經有個女孩告訴我，她在某個和公司請假的日子，散步到有大片草地的公園，突然有個衝動，就地翻起筋斗來。因為翻筋斗，她想起自己在身體的使用上總是得心應手，這是她許多年來都未曾想起的自由自在。我對她說，她就像是「春天裡的熊」，這是小說家村上春樹在名著《挪威的森林》裡，對女主角綠（Midori）總是活力滿滿的美好譬喻。即使生活中的煩惱依舊，但因為內在陽光小孩的進駐，給了我們好心情與前進的動能，我相信這會是一個突破困境的開始。

如果，翻閱這本書的你／妳已為人父母，那更是太好了。因為你可以一手牽著你的內在陽光小孩，一手牽著你的孩子與伴侶，複習自己（同時也創造孩子的）的美好回憶。未來當孩子長大了，他們的內在陽光小孩將會因為你的陪伴而更加得到應許。

歡迎回來，我們的陽光小孩！

推薦的話

同時擁抱內在的兩個小孩

科普心理學作家／海苔熊

在你的記憶裡，最快樂、最無憂無慮的是什麼時候？很多人會回答「小時候」，但你有沒有想過，是什麼讓人隨著年紀來越大，反而變得越來越不快樂了呢？如果你經常翻閱心靈成長的書籍，或許會發現許多是在談論人的陰暗面，包含內在受傷的（陰鬱）小孩、兒時的創傷、父母如何缺乏關愛，讓你長成今天這種厭世的樣子等等。但看過這些書之後，你真的有比較快樂嗎？或許你流了許多眼淚、更加了解自己、學會洞察，但有時還是困在那個情緒中走不出來。

奇怪了，不是只要蹲下來擁抱內在受傷的小孩，就可以好好跟自己和解嗎？為什麼這麼多年來都還是徒勞無功呢？我的想法是，有時候是因為過往的創傷太過巨大，需要更多的時間、社會支持，甚至其他專業才能協助我們；也有些時候是因為你太過專注在這些負面的地方，而忘記自己在這背後，還有一些正面、積極的力量。

這幾年來，正向心理學強調的，正是當我們將注意力放在生命中那些正面的部分，包含正向的人際關係、自我的正向特質、生活的正向經驗，生活滿意度也會比較高。你可能會說，這樣不是很迂腐嗎？只選擇看那些正面的東西不是自我欺騙嗎？但對我來說，這本《81個練習，找回內在陽光小孩》最有趣的地方，並不是否認那些負面陰影的存在，而是在接納的同時，選擇把內在的那個陽光小孩也召喚回來，這個選擇也將改變你對於人生的看法。

注意力會決定你是誰，當你選擇看人生的不同面向，或許就能創造改變。書裡提到幾個經典社會心理學實驗：臉部回饋：刻意擺出微笑，比起皺起眉頭感覺更好。姿勢決定你是誰：面試前擺出「神力女超人」的姿勢，感覺比較自在，表現也會更好。體驗變老：閱讀一些老化相關的字，例如拐杖、灰髮、禿頭之後，走路到另一個房間的速度整個緩慢了起來。體驗變年輕：將老人的生活環境布置成二十年前的樣子，他們的活力、身體機能反應也會變年輕！

上面這些研究看起來很神吧？當你關注的焦點有所不同，就有可能產生改變——然而，這些實驗在後續的驗證分析中，其實遭到許多反駁、甚至不一定能夠達到這麼神奇的效果。什麼嘛！繞了一圈又回到原點？到底要關注正向有效，還是關注負向有效？其實，如果從榮格心理學的觀點，不論正面或者負面，光明或是黑暗，都是你身上的一部分。過度正向的人，總有一天會被自己的陰影吞噬；太過負面的人，看起來雖然辛苦，但在那些陰影裡面，自有源源不絕的動力。

我很喜歡一句話：「注意什麼，你就成為什麼」（you are what you focus）。如果你過去已讀過太多有關創傷、受傷的孩子、受傷的父母、黑暗的成長經驗；以及分析憂鬱、焦慮、不知所措、悲傷等情緒的書籍，卻仍困於這些情境中，那麼這本書將是另一種可以嘗試的路徑，裡面提供諸多具體做法，可以成為你嘗試的開端。畢竟，重要的並不是正面或負面、陽光小孩或受傷的內在小孩，而是當你同時擁抱他們，就能慢慢找回那遺忘已久的純真。

推薦的話

找回迷路的陽光小孩

人文作家／游乾桂

生活的確像一面鏡子，樂觀的人看到自己的微笑；悲觀者則凝視自身的磨難，它們一體兩面，彷彿人生裡的成人與小孩。反璞歸真、天真浪漫、天真無邪、童稚純真、童心未泯，這些用來形容孩子純真的成語，某種程度點出我們一度擁有的一切，只是隨著歲歲年年人不同的轉化、長大成人之後，那個純真年代也就跟著消失了，也許「返老還童」不只是個詞兒，也是一種期望吧。

人在四十歲之前想的是錢，追名逐利的過程中鐵定附送一個「忙」字，**忙字，解開來是無心，會把心靈中的那位陽光小孩悄悄帶離現實**，取而代之是壓力、煩惱、憂愁、傷感與惆悵。為了得到想要的，我們漸次忘了享受所得的，慢慢與原廠設定的式樣越走越遠，讓燦爛的記憶蒙塵。

本來無一物，何處惹塵埃這樣的開悟，人們遲早會懂，但非得繞了一條遠路不可。一如宋代大師青原行思的禪宗三境界：看山是山，看水是水；看山非山，看水非水；最後，看山仍是山，看水仍是水。「慧根」二字是佛家的說法，也許有吧，但不是人人皆備，有些人需要智者給予醍醐灌頂，才能找回「本心」，怪不得西漢劉向會在《說苑》提及：「書猶藥也，善讀之可以醫愚！」書可能是智慧所在，一帖返還原廠初心的處方箋，這便是由遠流出版，德國心理治療師優莉亞．托慕夏《81個練習，找回內在陽光小孩》一書最動人的價值所在。她提醒我們，人人心中住著的那個陽光小孩，一直沒有遠離，但要記得喚醒他，才會重新迎來燦爛。

馬克吐溫曾說：「悲傷可以自行料理，快樂的滋味如果要充分體會，就需要有人分享才行。」一書中看似心理治療的方法，其實是心理「自療」，這八十一個行動提案，沒有任何一個需要你坐在佛洛伊德的診療室，躺下來、闔上眼，進行催眠式的告解，說出潛意識裡幽微的困頓。

這種分享式的提案有如「閱讀治療」，陽光因而篩了進來，提醒你我莫忘人生需有一個知音、三位好友；偶爾學學《湖濱散記》的梭羅走在野徑；或像素人藝術家一樣創作日常藝術品等，這些由作者開出的一系列處方箋都很人性化、很容易完成。

我在三十八歲那一年離開周而復始、繁忙不堪的工作，目的地正是作者說的陽光小孩的家，我開始希望人生不要只有工作一事，應該還有別的目標值得追求；不是只有錢，還要懂得「用」錢。我不想像陀螺打轉、像蜜蜂一樣忙亂無章、或是如夸父追日般徒勞，美好人生是一種無價的價值，而非沒有價的價格。我跨渡那條深長護城河的方法，就是靜坐、禪修、種植蔬果；偶爾動手製作漂流木作品、閒晃跳蚤市集、單騎走山；或與朋友一同溯溪、浮潛，在野溪泡溫泉，或到運動中心打羽毛球等，其中最曼妙的，仍是閱讀。這些「自療」的方式與優莉亞．托慕夏提供的處方近似，藉由玩樂啟動了我的心情復活術，「自救」似地讓活水源頭在心靈緩緩流淌。

八十一個實用提案似難但不難，你不必像個苦行僧，只要用心實踐，那位浪漫但迷路的陽光小孩，就會重返心中那塊沃土。

推薦的話　歡迎回來，我們的陽光小孩！／曾心怡　004
推薦的話　同時擁抱內在的兩個小孩／海苔熊　006
推薦的話　找回迷路的陽光小孩／游乾桂　008
前　言　愉快、主動與創造力的美好譬喻／史黛芬妮・史塔　013
引　言　人人心中都有個快樂爛漫的孩子　015

第一章
釋放你心中快樂的孩子　019

1　陽光小孩從未遠離，只是欠缺關注　020
2　從現有模式尋找你的陽光小孩　027
3　每個人都有的原廠設定（原型）　031
4　為何我的陽光小孩不見了？　035
5　陽光小孩如何影響你的部分個性？　041
6　用身體與陽光小孩親近　046
7　陽光小孩和個體的發展　051
8　反璞歸真不等於耍小孩脾氣　062
9　越是壓抑，越容易上癮　066
10　當陽光小孩碰上陽光小小孩　071

Contents

第二章
從生活中拓展陽光小孩——重新發現好奇心、行動力和生命喜悅 079
1 放下你的大人矜持，從日常對話做起 080
2 想像一下，你的陽光小孩是什麼模樣？ 083
3 重拾過往最燦爛的記憶 087
4 如何和你的陽光小孩對話？ 093

第三章
把陽光小孩帶進日常——81個行動提案 097
陽—光—普—照 100／踢開煩惱 103／魔鏡啊魔鏡 104／搖屁股 106／隨興塗鴉 108／哈哈大笑 110／別給惡龍陣營力量 113／找回模仿本能 116／送禮物給你喜歡的人 118／重讀小時候的童書 120／變裝找新意 122／電鰻搖擺舞 125／畫圖 127／盪鞦韆 129／「啪」與「啊」 131／到大自然裡尋寶 133／用手吃東西 136／如果由我做決定 138／變魔術 140／翻轉舊習慣 142／摸摸肩膀搔搔背 145／熟能生巧 146／蒙上眼睛去感受 148／讓太陽照進來 150／交個好朋友 153／鼓勵 156／雨已過，天已青 158／蹦蹦跳跳 160／聽從內心衝動 162／跟隨外來推力 164／敲敲打打 166／先享受，後工作 167／跳支舞吧169／熱切期盼171／原地旋轉173／扮鬼臉175／最愛的食物177／加入同好俱樂部179／跳躍180／毫無規矩地吃182／用力跺腳184／白日夢專家186／媽咪，抱一下188／尋找童年的氣味189／唱首歌191／第一次193／創作日常藝術品195／詩與韻197／惡搞名字199／問候對方的內在陽光小孩201／和孩子一起玩202／胖肚子別害羞204／參加團隊運動206／我喜歡我自己207／訓練你的舌頭209／重遊童年最愛的地點211／專注在當下212／說故事214／蒐集故事216／春天、夏天、秋天還有冬天218／加點趣味就完成220／打個賭吧221／烤個童年蛋糕223／說笑話224／和原生家庭再聚首226／把你熟悉的遊戲教給孩子們228／打盹230／惡作劇231／創意命名法233／模仿（或不模仿）父母行為235／「從前從前有個陽光小孩……」237／享受無聊239／找回溫暖240／藏寶盒242／和孩子一起禱告243／真實體驗245／重新感到驚奇246／來個小戰鬥248／快樂戲水249／和數字玩遊戲251／陽光小孩信條254

第四章

陽光小孩需要哪些養分？257

大人小孩都適合的陽光小孩書籍258／給陽光小孩的遊戲259／給陽光小孩的影片261／給陽光小孩的音樂263／上網拜訪陽光小孩266

結語　拯救一個孩子，就意味著拯救這個世界267

前言
愉快、主動與創造力的美好譬喻

親愛的優莉亞：

二〇一五年三月，妳把《81個練習，找回內在陽光小孩》的手稿寄給我，我馬上就對這個點子雀躍不已。這是一本能直接引導讀者改善情緒、增進生命喜悅、創造力及健康的書，能在有生之年盡可能地享受快樂、毫無病痛，是每一個人的期望。近期所有的心理學建議，也都朝著這個方向發展：治療師支援病患解決問題，治療結束時，病患變得比較好。

「陽光小孩」是愉快、主動以及創造天性的美好譬喻，是每個人都具備的，和「陰影小孩」受傷而憂愁的性格相對，這樣的比喻很容易理解。妳書裡的每個練習，都能協助讀者帶出心中的陽光小孩，讓他們展現笑顏；妳為此彙整了為數眾多的美妙小練習，非常容易運用在日常生活裡，與其說這些是練習，其實更接近「遊戲」，能讓陽光小孩更加歡喜。

妳的筆觸既不俗氣更不輕浮，而這些練習背後的心理學設定更是令我印象深刻。妳細心替不同性格的模式和心理學理論，建立起關聯和交互連結，內容深刻又具備娛樂性。因此我從書裡學到的不只是如何讓自己擁有好心情，還能非常輕鬆地了解其中的心理學關聯。

在此，我還想感謝妳描述陽光小孩及陰影小孩的生花妙筆，妳的文字創造了美妙的圖像，讓每個人都能自行開展，並藉由這些詞彙建立起概念、讀懂心理學的演進。我為妳感到無比驕傲，願妳的著作能為讀者帶來滿滿的收穫！

你的老友　史黛菲（Steffi）

（本文作者史黛芬妮·史塔〔Stefanie Stahl〕，是德國特里爾市〔Trier〕獨立開業的心理治療師，在德語地區主持諸多親密關係焦慮和自我價值感的研討講座。她同時也是多本書籍的作者，其中包括德國《鏡報周刊》〔*Der Spiegel*〕出版的暢銷書《心中的孩子必須找到家》〔*Das Kind in dir muss Heimat finden*〕。）

引言 人人心中都有個快樂爛漫的孩子

我的陽光小孩，這甜美的小東西有著豪放的卷髮、歪歪的牙齒，我在二〇一四年春天更意識清楚地認識了他。那一年，我生命的第一種慢性病症出現了——肩膀持續疼痛，讓我疲於應付，更敗壞我的心情。

醫師診斷這是鎖骨關節炎和兩邊肩膀關節炎。「這是您這個年紀都會有的磨損現象」，醫生這麼說。我一下子覺得自己老了，我聽到自己對著電話筒哀號：「我不依！我撐不下去。這樣還有何生命喜悅可言？」不，疼痛是持續的，我可不買帳！於是我開始尋找替代療法，我想要重新行動自如，更重要的是不再疼痛。因為骨科醫師沒有給我任何痊癒的希望——就算有，也得動手術才有幫助，但是又尚未疼痛到那種程度——我遍尋按摩師和運動治療師，請他們協助我不再疼痛。

我也參加健康課程（其中包括查布恆身體學〔Zapchen Somatics〕[1]）、閱讀有關「存在之輕

1 查布恆身體學是種運動身體的方式，以西方身體及心理治療還有西藏金剛乘佛教為基礎。這種方式包括簡單的、遊戲似的練習，有時也加入冥想練習。Zapchen 為藏文，有調皮搗蛋或撒野等多重含意。

盈」的書，並開始跳舞。我還順便學習如何比較輕鬆地站立、減少拖著腳步走路，不要造成自己過度擔憂，多享受，更常開懷大笑。

因此我算是經由身體治療遇見我的陽光小孩：心情開朗、愉悅，那也許是種只屬於七歲小孩的快樂，每天一展開就等著享受生命，喜歡跳橡皮繩、喜歡和植物說話。

《陽光燦爛的孩子街》

從前在童年，
我曾在陽光燦爛的街上閒逛；
只要有小石頭，一片葉子，
就無比快樂。

多年過去，我疲累地尋找，
陽光燦爛的街道今何在，
重新學習，只要一片葉子，
一顆小石頭就感到快樂。

——尤阿辛·靈格納茲（Joachim Ringelnatz）[2]

身為心理學家，其實我早就該想到，心中的陽光小孩最能增進我們的活力、健康和生命的喜悅——然而正因為我是心理學家，才對他視而不見。有那麼多的心理學者都主張把受傷的內在小孩當作研究重點，這是心理學的根本看法，尤其是幼年的創傷和扭曲，會影響一個人直到成年之後，因此才有各種身體訓練的需求出現。走過這樣的「歧路」後，我進一步了解到，健康、快樂的內在小孩對治療有多重要。每個人都有個內在陽光小孩，是你快樂爛漫的象徵。這個孩子喜歡活動、繪畫、跳高、跳遠、唱歌還有做白日夢，全然沉浸在自己的世界裡，外頭有人對他說話的時候，他其實根本聽不見。

這本書邀請你重新找回你的陽光小孩。前兩章在於教你理解究竟「何人」（甚至「何為」）陽光小孩；第三章是各種練習（遊戲）和激勵，必定能使你的陽光小孩開心。你可以立刻開始，一邊觀察，當你給予陽光小孩更多空間時，你的活力、心情和舒適感將如何從中獲益（編按：第四章為參考資料整理）。

祝你閱讀及練習愉快！

---

2 譯註：靈格納茲（一八八三～一九三四年）是德國作家、說唱藝術家及畫家，作品風趣而充滿睿智。

第一章
釋放你心中快樂的孩子

1 陽光小孩從未遠離，只是欠缺關注

發現內在的陽光小孩，讓他活躍起來，首先這意味著你得盡興，但還有更多原因值得我們去理解、並找回內心中的陽光小孩。

關注陽光小孩代表著預防倦怠。在我的研討課堂上，學員經常告訴我，自己覺得多麼筋疲力竭，早上幾乎起不了床去上班。他們覺得自己被榨乾了，疲累而無力。前去就醫，聽到的診斷經常是：憂鬱加上職業倦怠。所有組織都可能受到職業倦怠的影響，那是種長期缺乏生氣、沒有活力，彷彿有陣看不見的灰霧散布在辦公室和工廠裡。職業人士今日經歷多重的工作密度，任務複雜性提高，流程更不斷加速，更慘的是，許多行業更期待員工能隨傳隨到。結果我們晚上依然要查看、回覆公司的電子郵件，甚至得帶著工作用的手機去度假。就算在休閒時間，我們依然忙著從一個期限趕到下一個期限，真正能讓心靈放鬆的自由空間幾乎不復存在。

我們虧待陽光小孩，他自覺像個孩子，總是被媽媽拖著，在堆滿商品的百貨公司搶購便宜貨；他被安撫著：「你先乖乖等一下，我馬上就去照顧你了。」但是根本沒有。內在的陽光小孩經常因此變得叛逆，且不再提供他的力量給我們——會有這種結果其實不足為奇。起初他會給一些小提示，先是在早上搶走我們的活力；如果我們依舊視而不見或是忽略他，他就會猛踩煞車，然後你會發現，突然一切都行不通了。於是醫師診斷：職業倦怠。關心內在陽光小孩的人，可以確實自覺較為活躍且有活力，也比較能夠一再充電。更因為他是如此滿足而快樂，於是晚上睡覺的時候就已經期待第二天的來臨。大家還記得嗎？我們還小的時候，常常根本不想上床睡覺，因為生活那麼刺激；睡飽後就像車子加滿了油，天一亮就迫不及待從床上跳下來，好盡快繼續體驗生活。每個新的一天都是應許，完全看不見倦怠的影子。

所有的幸福都是間接體驗

覺得快樂的能力和陽光小孩有很大的關聯，他就像個內在羅盤，總是指向幸福的方向。我先生雖然常說：「人們都高估幸福感了」，和哲學家威爾海姆．施密德持相同看法[3]，質疑「幸福感」的能耐，但快樂的人真的能活得比較久，而且壽命增長一四%，也就是七年半到十年之間[4]。值得注意的是，幸福沒辦法隨便「製造」，或透過追求而得；我們只能間接體驗幸福，好比和其他

3 出自威爾海姆．施密德（Wilhelm Schmid）二〇〇七年的著作《幸福，你必須知道關於幸福的一切事情，以及為何那不是生命中最重要的事》（*Glück. Alles, was Sie darüber wissen müssen, und warum es nicht das Wichtigste im Leben ist*），法蘭克福／麥茵河畔，島嶼出版社（Insel）。

4 此研究數據出自德國作家維爾納．巴頓斯（Werner Bartens）出版於二〇一一年的著作《快樂醫藥：真正有效的是什麼》（*Glücksmedizin: was wirklich wirkt*），慕尼黑，德洛姆出版社（Droemer）。

人的美好相遇、或是完全投入某件事，例如專注於烹飪，或是非常專注地覺知周遭的世界。投入和專注——這也是我們陽光小孩的特質。唯有成功地讓陽光小孩參與各項活動，我們才會產生高昂的情緒，有如副作用一般，幸福感便油然而生。

本書第三章介紹的所有陽光小孩練習，都直接或間接有助於你的健康，我會讓各位動起來、呼吸深一點，將觀看世界的眼光變得正面，並把你和其他人連結起來。根據世界衛生組織（WHO）的定義，健康是「身體、心靈和社會全面舒適的狀態」[5]，而不只是沒有病痛。一切對我們有益的、提振情緒的，都有助於健康，本書第三章的練習正是如此。這些提案就像豐富而多元的邀請函，邀請你重拾健康、共同參與，沒有好幾個小時的立論、沒有高舉著食指，對你指手畫腳的健康教練，也不需要艱澀的冗談。實際上，一切恰好相反：一定得有樂趣因子，陽光小孩才會開心；因此這些健康練習可同時處理你內在的懶惰蟲。

創意人士的最大特徵：二度純真

能接觸到自己陽光小孩的人，也能很快親近孩子。兒童感覺得到某人是否具備遊戲和調皮的心，是不是偶爾願意放下大人的矜持、放肆胡鬧一番。不論你是在職業上或是私生活和兒童有所接觸——你的陽光小孩都會協助你，不僅跨越兒童和成人之間的鴻溝，還可讓你更具意識、更快也更好地和孩子互動。這其中發生作用的是共鳴現象：成人內在活躍的陽光小孩，將喚醒兒童心中的陽光小孩，反過來也一樣：成人只要夠專注，便會感染孩子的興奮——於是就可能發生陽光小孩共振，雙方都獲得樂趣。

陽光小孩也代表你的創造力。發明／發現需求金字塔（Maslow's hierarchy of needs）的美國心理學家亞伯拉罕·馬斯洛，在著作《存在心理學》（*Toward a Psychology of Being*）中闡述創造力和（陽光）童心之間的關係。馬斯洛生於一九〇八年，歿於一九七〇年，他畢生都試著掌握創造力的意義，研究在他眼中有創意的人。他對這些人的描述如下：「在許多層面，成年人的創造力就和每個快樂且穩定的孩子一樣：自發、毫不費力、純真、輕鬆，而且沒有刻板印象和偏見。（中略）幾乎每個孩子都能隨時譜個曲子、寫首詩、畫些什麼、發明舞步或是遊戲，沒有事先刻意去做些什麼或規畫。就這層意義而言，每個我所研究的創意人士都是孩子氣的。為了避免誤解，他們沒有一個是孩子（每位受試者都是五十或六十多歲的人）。就這麼說吧：他們每個人都保有童心，或是重新獲得童心。」[6]

5 出自阿雷克薩·法蘭克博士（Alexa Franke）二〇〇六年的著作《健康與疾病之模式》（*Modelle von Gesundheit und Krankheit*），波昂（Bonn），漢斯琥柏出版社（Hans Huber），頁二十九。

6 出自亞伯拉罕·馬斯洛（Abraham Maslow）一九六二年的著作《存在心理學》。二〇一四年重新印行。伊利諾州班森維爾（Bensenville IL），魯申納出版社（Lushena Books），頁一三三起。

創意人士的特徵是「二度純真」。馬斯洛訪談過的人都不是孩子，但是他們「在感受當下之際是純真的，而且有種自發的表達方式」，並且和「崇高而博學的精神結合」。關切陽光小孩、發現通往自身創意的道路，並不意味著回歸、重回原先的發展階段，**反而是和成熟的成人期結合，以實現獨一無二的成就**。

我們只有在童年才能這麼輕易地學習，成人之後，通往自身創意的道路經常受阻。在有關人格發展、團隊發展和健康的研討課程裡，我一再體驗到，一旦要求學員做些有創意的事，好比畫些什麼，他們就陷入徹底驚慌並且束手不做。他們最常說的是「我做不到」或是「這種事我一向無法辦到」。如果追問這些阻力從何而來，大多是有過不好的經驗，曾經被老師取笑，有的學員還說自己曾遭到處罰。我童年時也曾被禁足一整個星期，因為我想把房間的窗簾剪成公主禮服。我因此剪下一部分窗簾、貼上小星星。現在回頭想想，母親勃發的怒氣還真有點嚇人，因為我當時真的沒有任何惡意。現在如果有人問我，願不願意幫忙一起縫製晚禮服，我會怎麼說？也許我會說：「啊，你知道嗎？我做不到。」與其再次被迫緊急降落（展現創意之際遭到制止），我們寧可退縮。從前的經驗變成理所當然，早已成為自我認同的一部分：「我就是沒創意。」

孩子情緒太高昂，大人就想管教

大部分人都認為，人生從某個年紀開始就不再有樂趣可言，這個看法是接觸陽光小孩時遭遇到最重大、且必須克服的阻礙。我們在成人的年紀就不再大笑、不再嬉鬧或唱歌，漸漸將那個快樂的內在小孩驅逐出去。原因並不在於雙親、幼教老師和老師是壞人，絕對不是。實際上（必須）照顧兒童的成人，通常不太能夠忍受過度高昂的情緒。

身為母親，我也經常阻止孩子做某些事，否則我無法集中精神。「噓，不要這麼大聲。」或是「不要再敲桌子，我快瘋了。」這些「煞車」通常都是由成人（或其他對孩子不友善的環境）踩下的。好比我的朋友卡琳，過去她在外租屋時，必須準時在晚上六點讓孩子安靜下來，因為敏感的房東在這時候下班回家，而這位房東就住在樓下且期待享受寧靜。為了重新找回內在陽光小孩，你需要的是勇氣——足以否定這些已內化在你體內的煞車機制，使陽光小孩正大光明地現身的勇氣。

記憶本身也有價值。**如果你關心自己的陽光小孩，就把快樂的童年再次展露出來**，重新意識到那些或許已被隱藏的記憶。你的生命拼圖可以變得多采多姿，就像沿著地圖找路一樣，眼前的景象會越來越清晰，出現之前看不到的河流和高山。與此同時，你也贏回了自己的童年，重新把過去的記憶詳細描繪一次，好讓它不至像塊被啃食過的老香腸一樣遭到遺忘，——正如耶里希・凱斯特納（Erich Kästner[7]）所言——而會一直都是你自我活躍的一部分。

7 譯註：凱斯特納是德國作家（一八九九～一九七四年），《小偵探愛彌兒》（*Emil und die Detektive*）的作者。

「大部分的人就像脫下舊帽子一樣忘記他們的童年，就像遺忘不再有效的電話號碼。過去的生活對他們而言，就像塊慢慢被吃掉的老香腸，而被吃掉的就不再存在。」

——耶里希・凱斯特納

任何覺得自己有個內在陽光小孩、已躍躍欲試，且對理論比較沒興趣的人，現在立刻就可以進入本書的實踐部分，開始第三章的練習題。但如果你比較老成且喜歡求知：「陽光小孩究竟是什麼，為什麼我應該研究陽光小孩？」那麼你可以在接下來的章節找到答案。

2 從現有模式尋找你的陽光小孩

從前的世代可能根本沒想過「陽光小孩」這個話題，畢竟「童年」是在十六～十八世紀才被發掘成為獨立的階段，是被撫愛和學習的年齡，明顯有別於成年的狀態[8]。從前，也就是直到大約中古世紀末期，儘管人們發現小孩直到大約七歲時，都必須依賴成年人扶持才能存活，但對童年的意識從未真正存在。孩子一旦存活超過最初這幾年——當時兒童死亡率頗高——之後就「沒有過渡時期，一律被視為成年人，分擔成人的工作和他們的遊樂。」[9]一般的家庭會於此階段把孩子交給他人，貧困的孩子必須從這時起開始工作，為自己掙取生活費。根據法國歷史學家菲力浦・阿希葉的看法，人們的壽命增長和學校教育，是促使「童年被發現」的最大原因。發現童年是發掘陽光小孩的先決條件，因此本書說起陽光小孩之時，必須先預設各位理解何謂「童年」——可說是一副眼鏡，透過它解讀書中的各項觀點時會更清晰。

8 出自英格柏・韋伯—凱勒曼（Ingeborg Weber-Kellermann）一九七九年的著作《童年，一部文化史》（*Die Kindheit - eine Kulturgeschichte*），法蘭克福／麥茵河畔，島嶼出版社。

9 出自菲力浦・阿希葉（Philippe Ariès）一九七八年的著作《童年的故事》（*Die Geschichte der Kindheit*），慕尼黑，德國口袋書出版社（Deutscher Taschenbuch Verlag），頁四十六。

心理文獻避談「陽光小孩」，卻肯定他的力量

孩子是什麼？童年如何受到幸福時刻的影響？我對這些問題有特定的想像。或許因為我生於一九六六年，因此對於這一切並不陌生。我幾乎算是二次大戰後的第二個世代，我的雙親是戰爭兒童，而我卻生在陽光普照、經濟持續成長的承平年代，社會富裕且政治穩定。此外，我是在眾人的期盼下出生的，被慈愛滿溢的雙親教養長大。陽光小孩是種建構式的想像，由正面的觀點凝聚而成，把我和我的童年連結起來，更和「兒童」的形象脫不了關係。

當我發展出陽光小孩的想像後，它就像感知的過濾器一樣，我於是在許多地方發現陽光小孩——他就住在詩歌、圖畫和小說裡。這沒什麼好奇怪的，因為陽光小孩就是種原型，更是深植在我們集體無意識當中的生動基本模型（本章後段將再度說明，見第三十一頁）。

我常常自問：「何處已提及陽光小孩？如何將陽光小孩歸納到現有的心理學模式？」並徹底研究我的學術範疇（心理學），但我也在其他領域搜尋，並在印度薩滿教等方面有所斬獲。

陽光小孩本身當然沒有出現在「真正的」科學心理學中，這個概念對心理學而言太空泛了。即使如此，心理學家依舊嘗試著掌握陽光小孩背後肯定生命的力量，並加以描述。基本上，陽光小孩思想可以歸納到實證心理學（Positive Psychologie），因為這個分支的研究重點，是尋找及研究健康，並維持正向的心理支持，也就是能協助和強化我們的部分。

陽光小孩可能也取決於類型，畢竟陽光小孩對部分成年人引發的靈光一閃，遠比對其他人明

題。針對這個問題，我在本章後段也會再進一步討論。

也許陽光小孩是種蘊藏在每個人心中的力量？是我們個性的一部分？佛洛伊德是今日心理學之父，將衝動的、朝向欲望的力量，也就是陽光小孩的力量，描述為情慾，是生命的衝動，並且和死亡的衝動（thanatos）相對。艾瑞克・伯恩（Eric Berne[10]），佛洛伊德的現代追隨者，在他的著作《成人遊戲》（見第四十三頁）中將童稚的自我描述為個性的一部分。此外，那個快樂的內在小孩，也就是陽光小孩，在基模治療（Schematherapie）也具有穩固地位，這是行為療法的再發展（見第四十一頁〈陽光小孩如何影響你的部分個性〉）。

就我個人的經驗而言，接觸陽光小孩的契機在於身體療法，因此我明白身體和陽光小孩之間必然有緊密關聯，陽光小孩深植在身體記憶裡。我的身體治療師或許會說：「那是身體的一部分。」（見第四十六頁〈用身體與陽光小孩親近〉）。

由於陽光小孩涉及我們的生命歷程和發展，我因此致力於將陽光小孩歸納到發展模式之中，並援引艾瑞克・艾瑞克森（Erik Erikson[11]）心理社會發展模式。根據艾瑞克森的看法，每個年齡階

10 譯註：艾瑞克・伯恩（一九一〇～一九七〇年）是加拿大心理學家，建立溝通分析理論（Transactional analysis）。

11 譯註：艾瑞克・艾瑞克森（一九〇二～一九九四年）是德裔美籍發展心理學家與心理分析學者，以心理社會發展理論著稱。

段都有自己的典型發展步驟，因此來自各個發展階段的危機和「禮物」（或稱特質），也就是特殊的正面經歷，都可以再度被觸及（見第五十一頁〈陽光小孩和個體的發展〉）。

③ 每個人都有的原廠設定（原型）

陽光小孩是種原型。原型的英文Archetyp來自希臘文，結合arche（開始、起始）和typos（典範、速寫）成為一個單字，「原型」因此意味著「原始圖像」或「原始想像」。在心理學當中，原型指的是基本模型或根本圖像，大部分是無意識地深植心中，但是我們具備直接的管道，好比母親、大地、騎士和公主。根據卡爾・古斯塔夫・榮格（Carl Gustav Jung）的看法，**原型深植在集體無意識中，對心理產生無意識的影響，但不時會顯露出來，而出現在詩歌、童話或繪畫上。**

原型隨時代而轉變。在我母親那一代還有「藍襪子」這種原型，那是指聰明卻不特別漂亮的女孩、平時喜歡看書，卻也因此找不到丈夫。比較新穎的原型是「宅男」（Nerd），大家一看到這兩個字，便立刻知道指的是什麼樣的人：非常聰明、體型微胖、動作不甚靈巧的年輕男子，隨時黏在電腦前面，透過厚厚的鏡片看著螢幕，肚子餓的時候就叫外送披薩，對真實生活毫無概念。

同樣的，孩子也是種原型，在每個人的內在發生效應，因為大家都曾是孩子。根據美國作家凱洛琳・梅斯（Caroline Myss）的看法，每個成年人都有不同形態的孩子原型[12]：永恆的孩子、被

12 出自凱洛琳・梅斯二〇〇一年的著作《神聖契約》（*Sacred Contracts*），紐約，和諧出版社（Harmony Books）。

遺棄的孩子、受傷的孩子。儘管相對於陽光小孩，也有「陰影小孩」存在，但在這本書裡，我想允許我和我的讀者，只深入了解內在小孩陽光的一面。你也許會問：「如果只朝向光明面，會不會忽略些什麼？」當然會！但你總是得先集中在單一事物上，才能充分理解它。實際上，坊間已經有許多卓越的著作只探討面對內在小孩的陰暗面，以及它對成年人自我的意義，例如我的老友（同為業界夥伴）史黛芬妮．史塔的著作，便非常優秀地呈現了受傷的內在小孩，如何在成年時影響人們的自我價值感，以及建立關係的能力[13]。

隨處可見的普世原型

難道只有「陰影小孩」——那憂心忡忡、憤怒又悲傷的孩子——才能獲得關注？還是我們也應該和陽光小孩和解？我認為陽光小孩就和陰影小孩一樣，應該獲得同等的關心——畢竟陽光小孩有時也會矛盾地縮回陰影當中，因為他不斷被批評、被取笑、被驅逐，或者乾脆就被遺忘。因此我寫了這本書，好讓「陽光小孩」這個原型，連同他蓬勃的生命喜悅重新成為人們的焦點。

「陽光小孩是種原型」這個觀點，每個聽我說起陽光小孩的人，都能理所當然地立刻運用。我尤其感動的是，在我熟人圈裡的孩子們如何以實際行動接受陽光小孩。「我是個陽光小孩，我是個陽光小孩」——我一走進門，七歲的教女莉莉就這般迎接我，一邊充滿活力地兩腳交互跳著、一邊閃閃發亮地走到我面前，陽光從她身上每個衣角散發出來。

陽光小孩不只出現在我們的文化，也出現在其他文化當中，或許他不只是個原型，更是個普世原型。在印度薩滿的醫輪（schamanisches Medizinrad）上，陽光小孩被歸納在朝向天空的東方，每個人都配戴著陽光小孩，當作「盾牌」四處走動。如果我的理解正確，把「盾」翻譯成普通用語的意思是：一個人的潛能和他內在的力量，正如「盾」這個字表達的，是個防護的力量。有趣的是，以薩滿的理解，住在東方之盾的陽光小孩為相對的性別，也就是女性的陽光小孩是小男孩，而男性的則是小女孩。「東方之盾體現了神聖而不受任何教育影響的孩子力量，賦予每個人不變的精神力量潛能，以掌握自己的生活。這個孩子受到太陽光芒的啟發，依他的願景在世間生活。」[14]在印度文化中，陽光小孩和我們未出世之前的存在相連，是因本質而生；他讓我們記起自己的根源，這或許正是人們一生的任務。

索西馬雅文化（Tzotzil-Maya）也有陽光小孩這個原型，陽光小孩甚至是創世紀故事的一部

---

13 出自史黛芬妮．史塔二〇〇九年的著作《是也不是：認知並控制親密關係恐懼。對患者及其伴侶的協助》（*Jein - Bindungsängste erkennen und bewältigen. Hilfe für Betroffene und deren Partner*），漢堡，艾勒特及李希特出版社（Ellert & Richter）。

14 出自馬利盧．洛勒（Lörler, Marielu）二〇〇九年的著作《古老知識的守護者：醫藥之輪的薩滿療法》第三版（*Hüter des alten Wissens - Schamanisches Heilen im Medizinrad*），達姆史達特（Darmstadt），席爾納出版社（Schirner），頁一五一。

分：具有魔法力量的年輕人奈奈，以么兒的身分和母親與其他兄弟生活在幽暗的原始林裡，能讓任何東西轉換：當奈奈對兄弟生氣的時候，就把他們變成猴子。奈奈最後把母親變成月亮，而把自己變成太陽；世界於是獲得光芒和生命。這個創世紀神話被改寫成繪本《太陽還是個孩子的時候：馬雅神話改編》（*Als die Sonne ein Kind war: Nach einem Mythos der Maya*），由安拔・帕斯特（Ámbar Past）和瑪路克・門德斯・裴瑞斯（Maruch Mendes Peres）撰寫[15]。

在德語文化圈當中，《幸運的漢斯》（*Hans im Glück*[16]）這個陽光小孩故事幾乎無人不知。雖然漢斯表面上失去一切，卻保有他陽光小孩的快樂感受。在童話的結尾，漢斯大喊著：「太陽底下沒有人像我一樣快樂！」

陽光小孩原型代表光芒、元氣、根源、快樂、力量、潛能、光芒、愉悅和輕盈——這些特質是如此吸引人，足以激發我們重新找回這股內在能量。

15 此繪本出版於二〇一二年，巴瑟（Basel），鮑巴布出版社（Baobab）。

16 譯註：出自《格林童話》，內容描述漢斯在工作數年之後獲得一大塊金塊當報酬。在返鄉的路上，漢斯不斷和他人交換，而且換得的東西越來越沒價值，最後換得兩大塊石頭，漢斯低頭喝水的時候，就連這兩塊石頭也掉進井裡，漢斯樂得一身輕，於是發出「太陽底下沒有人像我一樣快樂」的呼喊。

4 為何我的陽光小孩不見了?

有些成人渾身散發著陽光小孩的氣質，能在進入成年生活之後，依舊非常良好地保有他們的內在能量。這時就產生了下列問題：陽光小孩可能是個性特質嗎?甚至是天生的?有所謂的「陽光小孩基因」嗎?那些不論是優秀或是默默無名的喜劇演員，他們使人發笑的特質是與生俱來的嗎?超市裡愛跟客人開玩笑的收銀員，具有陽光小孩個性嗎?這些問題的答案都可以從**個性心理學**找出來，這門學問試著解釋人與人之間的差異。

最常見的個性模式之一是**大五型**（Big Five），它專注在外向、親和、嚴謹、神經質、開放這五種特質上，經過非常詳細的研究、以及大量的個性測試，使之可以量化。這五種特質背後隱藏的是什麼?那些保有陽光小孩的成年人是如何被歸納到這些特質底下的?說明如下：

外向：此指趨近他人的能力。某人喜歡社交勝於獨處，還是為自己保留時間會覺得特別舒服安全?若是後者，那麼這個人是比較內向的。外向的人喜歡參加聚會，內向的人則寧可讀本好書。

親和：指某人和他人互動時的可親程度。他會為了和諧，而犧牲自己的需求嗎?他和其他人接觸時是友善而穩定的嗎?親和的人容易相處、可親而且樂於合作。

嚴謹：某人是否按部就班而且準確地處事。他是否考慮細節?能遵守時間表嗎?嚴格的人很會組織事務，遵守規則而且可靠。

神經質：指某人是否快速跌入負面情緒。高度神經質的人易怒、憂心忡忡或是憂鬱，就算原因並不算重大。他們憂慮地看待世界，隨時尋找可能的威脅、缺乏情緒穩定。

開放：指某人面對新的體驗是否有開放的心胸，抱持多少好奇心面向世界，是否願意嘗試新的事物。開放的人也樂於回應其他有異於自己的觀點和意見。

那麼，保有完整和活躍陽光小孩的成人，是否符合大五型的描述呢？他們可能是比較外向、親切和而開放的，比較不那麼嚴厲，而且低神經質。但這些表現是怎麼造成的？陽光小孩是如何出現在世界上的？科學家推測，這些「偉大」的五種個性特質，真的深植在我們基因裡，在我們和周遭環境互動時開展[17]，因此陽光小孩的傾向應是遺傳而來的。

陽光小孩於時尚界大展身手？

這種說法已獲得時尚界的支持。什麼？是的，你沒看錯，來自外型及風格顧問。美國生活及時尚顧問卡蘿·塔托（Carol Tuttle）會先判別人們的個性，接著給予他們能強調個人外型的衣著和彩妝建議。她認為個性類型是天生的，正如她的著作《天性如此》[18]。

塔托根據動作的基本特質（從「多而快速」到「少而緩慢」）來將人們分類，並提供適當的時尚建議。她一共分別出四種類型。完全與希臘的性情學說（Temperamentenlehre）如出一轍。她以冷淡者（被動、笨拙）、樂觀者（開朗、主動）、易怒者（易受刺激，快速激動）以及憂鬱者

（悲傷、深思熟慮）等四個類型，與四大元素結合：

第一型：風，動作多而快速——跳動／躍動。

第二型：水，動作適中——流動。

第三型：火，動作稍多——比較突然地。

第四型：土，少甚至不動——精準。

以下我們以第一型為例。此為跳躍的春天型，屬風：上升、輕快、沒有目標、開朗、清新、明亮、不受組織約束、自發、閃耀、樂觀、充滿希望且飽含能量。第一型的人如果被期待表現出樂趣和愉悅，便如同受到激勵，因為這正是他們的主要動力。卡蘿．塔托更描述，這些開朗的春天類型經常被評為天真或膚淺，只因為他們不符合「具有責任感」的成人形象。但如果讓這類型的人

17 出自丹尼爾．內托（Daniel Nettle）二〇〇八年的著作《個性，為什麼你是你的樣子》（*Persönlichkeit. Warum du bist, wie du bist*），科隆，安納孔達出版社（Anaconda）。

18 出自卡蘿．塔托二〇〇九年的著作《天性如此，認識及活出你的真實天性指南》（*It's just my nature. A Guide to knowing and living your true Nature*），李海／猶他州，活出你的真實出版社（Live your truth press）。

保持樂觀而愉快的基本心態，他（她）就能為任何情況（不論職場還是私生活）添加正面光芒：輕盈、友善、樂趣和享受——聽起來完全就像我們認知的陽光小孩，不是嗎？

塔托也描述，此類型的人經常因為過度歡愉、喧鬧的行為而受責備，因此他們很習慣調整自己，將本性隱藏起來，連同閃耀的潛能一併埋藏。這真是天大的遺憾，因為每種類型都帶給世界一個特殊的禮物，只能是這樣而不是其他樣子，這是天生的。第一型的人有個天賦，能把源源不絕的快樂傳染給別人，其他類型的人並沒有這種天賦。

是與生俱來還是後天影響？

這麼說來，一個人的性格陽光與否，或許可用一句話概括：「要不是陽光照進我的搖籃，就是碰上厄運。」是這樣嗎？專家於是走進「遺傳／環境」爭論。陽光小孩從哪裡來？是遺傳而來還是後天習得？也許兩者兼而有之，這取決於你戴上哪種眼鏡，透過何種理論去理解。

心理學家弗里茲．李曼（Fritz Riemann[19]）認為童年的學習經驗造就個性表現。李曼在五十年前就以他的著作《恐懼的原型》（*Grundformen der Angst*[20]）描述了四種性格：強迫型、歇斯底里型、壓抑型和精神分裂型。每個人都同時具備這四種性格特徵，當我們面對恐懼，就會特別顯現出來。李曼深信，恐懼是生命的一部分，我們無法迴避恐懼，但我們可以面對、克服恐懼，這麼做有益於個體的發展。無論如何，李曼經歷到，把恐懼當成性格特質來處理，這在他的病人身上格外根深蒂固，他把這種狀況歸因於童年的發展障礙。

我們**最容易在歇斯底里型發現陽光小孩**：感到興奮的能力、有創意、自發而且樂於冒險，但同時也伴隨著混亂、不可靠而且反覆無常的特質：最初表現得如同火焰般迅速、威猛，但若要他貫徹始終，他就會感到痛苦。擁有歇斯底里性格者，私底下都是個不想長大的孩子，無意識地覺得成年一點都沒有吸引力，因為他體驗到自己的雙親並不真實，或是因為爸媽沒能成為值得他追求的成年榜樣。好比雙親總是只想著工作，而且承受壓力，或是大聲抱怨成年生活的責任和要求。這麼說來，舉止幼稚、調皮的成人好像是種發展障礙與失調，但真的是這樣嗎？

克里斯多夫．托曼（Christoph Thomann）繼續發展李曼的模式[21]，他深信人們在自身模式中是很有彈性的，**我們可以根據情況轉換性格**（見下頁圖表）。假設有個歇斯底里型的人，原本很開朗地和聚會上的每位賓客聊天。此時突然來了另一位社交名流，對方四處插話、搶走當事人的風采，最後還煽動年輕的賓客拚酒。眼見這種情況，原本表現出「歇斯底里型」的陽光小孩，便會顯現強

19 譯註：弗里茲．李曼（一九〇二～一九七九年）是德國心理學家、心理治療師，同時也是星象學家和作家。
20 本書二〇一三年於德國推出第四十一版，正體中文版於二〇一七年由商周出版。
21 出自克里斯多夫．托曼一九九八年的著作《澄清的輔助：職場上的衝突》（*Klärungshilfe: Konflikte im Beruf*），萊茵貝克／漢堡（Reinbek bei Hamburg），羅沃特出版社（Rowohlt）。

克里斯多夫・托曼主張的性格轉換

強迫型（持續傾向）	⟷	歇斯底里型（變換傾向）
精神分裂型（距離傾向）	⟷	壓抑型（親近傾向）

勢（強迫型）的一面，要求大家遵守規則和法律：「不要太過分了，你不能故意把孩子們灌醉。」

還是要提醒一下：每個人都同時擁有這四種特質，換句話說，任何人都能自由切換至陽光的那一面。各位不妨問問自己：我輕鬆而愉悅的傾向是被什麼啟發的？我輕浮的那一面何時顯現？答案也許相當有趣。

至於陽光小孩究竟來自何處？我個人的結論是：基因遺傳論當然無可否認，但我更相信人是有彈性的，所謂「類型」也不應該是刻板印象，將之理解為「特質」也許比較妥當，任何人的性格都可以重新被發現（或者強化）。

托曼認為，每種個性趨向都有相對點。例如強迫型屬於「持續傾向」；歇斯底里型則為「變換傾向」，這兩種是相對的。精神分裂型，托曼稱之為「距離傾向」；壓抑型，則稱為「親近傾向」，此二者相對。上述這些傾向是極性相對，**當某些狀況（基本恐懼）出現時，其相對性格便會被引發**。例如「距離傾向型」的人害怕過分接近，四處表現出親暱對他們而言非常恐怖；「親近傾向型」的人則害怕失去親密感和接觸。「持續傾向型」的人忌諱混亂、沒有秩序和改變，與之相對的「變換傾向型」則視成規和規範為畏途。

5 陽光小孩如何影響你的部分個性？

「我是誰？如果我是這樣的人，那麼我已到什麼程度？」我想把這個問題轉換如下：「我是誰？我也是個陽光小孩嗎？」如前文說明的，我認為陽光小孩是個性的一部分，因此可用學術取向的方式解釋。佛洛伊德，現代心理學始祖，就已經知道我們之中有個孩子氣的部分。佛洛伊德認為有三種內在心理主宰（Instanz）：「自我」（Ich）、「本我」（Es）及「超我」（Über-Ich）。非常粗略而簡化地說，根據「享樂原則」（pleasure principle），本我之中儲存了求生本能和性衝動：想吃、喝、性愛，具備好奇心。孩子越年輕，就越受到本我之中的衝動操縱。以道德主宰、對立於本我的力量是超我，超我藉著道德和社會誡律而發展出來，在教育過程中被傳授給我們：「不應該……」或「你一定要隨時……」。超我由內化的規範和價值觀組成，並依據「道德原則」運作。最後是自我，屬於中間的主宰，在這個系統當中負有艱鉅任務：自我必須在本我的衝動和超我的道德訴求間成為中介，同時滿足周遭環境的要求，因此自我依循的是種「現實原則」。

陽光小孩會從本我中獲得許多，因為本我體現了活力、樂趣和愉悅。我在本書也不時呼籲：不要過度嚴格對待孩子，而是思考在這個過度規範的世界裡，何處能提供孩子自由空間？當然認何人都需要社會化過程以融入成人世界，對佛洛伊德而言，「發展」意味著本我的力量逐漸受到馴化、被教化。「『享樂原則』轉換到『現實原則』的過渡時期，是自我發展最重要的步驟。」或是：「本我是自我努力的方向。」[22]內在陽光小孩特別活躍的成年人，大多能成功地保有源源不絕的活力，卻不會隨意冒犯他人。

孩子氣？這是成年人才有的權力

然而，佛洛伊德的內在心理主宰模式同樣飽受批判，光是他把人分成好幾個部分討論就屢遭詬病，好像我們不是完整個體，而是像蒸汽機一樣，每個部分各有其功能。這也沒什麼好奇怪的，佛洛伊德的時代正處於工業化初期，他肯定受到第一部工業蒸汽機圖像的影響。就像今日人們喜歡用電腦的運作譬喻思考過程，佛洛伊德則是以機器為依循。他在陽光小孩這方面的貢獻毋庸置疑，他讓人們意識到，儘管幾經轉化，內在的孩子氣直到成年都還會發生作用。

溝通分析（Transaktionsalalyse）以佛洛伊德的主宰模式為基礎，並用「童年自我」（Kindheits-Ich）的概念取代本我，童年自我即使在成年後依然一再浮現——這正是我們的陽光小孩。

前文提過的艾瑞克．伯恩醫師（同時也是心理學家）發現，他的病患與他（即治療師）或是其他小組成員互動——進行團體治療——時，經常突然發生變化。他們改變身體姿勢、聲音、遣詞用字、臉部表情還有手勢。伯恩把這些變化歸因於透過誘發刺激而喚醒的某個記憶，而病患對這個記憶無意識地做出反應。這時他的病患的行為不見得是成人的，比較像是以五到六歲的孩子觀點來應對，也就是呈現退化的徵兆（退轉到較早期的意識及發展階段）。伯恩總結自己的觀察，提出

「自我狀態」的結構模式，包括家長自我、成年自我及童年自我。所有的自我狀態會互相反應；不僅適用於內在心理，更適用於多個成年人彼此接觸時。伯恩最知名的著作《成人遊戲：人類關係心理學》（*Die Spiele der Erwachsenen: Psychologie der menschlichen Beziehungen*[23]）即源自於此。

腦海中的自我大亂鬥

就內在心理而言，人們的發展和三個自我都有關聯。我們把三者當作腦子裡的聲音，更將之視為大腦中的居民。於是你的腦中可能發生童年自我大爆發，接著家長自我訓斥童年自我：「你一定要跟瑪麗亞搶曲子唱嗎？你根本不會唱歌呀！你有沒有看到隔壁桌的眼神？我的老天，真的不能和你一起出門啊！」不只內在常開檢討會，當我們與外界互動時，也常有三個自我爭論不休的狀況。舉個最典型的案例：我們都知道有種互補型的伴侶，其中一位有著粗心卻富創意的糊塗頭腦（明顯的童年自我），另一位則像校長一樣老愛糾正對方、負責遵守時限，或是注意牙刷是否放進

22 出自佛洛伊德一九三三年的著作《心理分析入門講義新章》（*Neue Folge der Vorlesungen zur Einführung in die Psychoanalyse*），頁四十三。

23 本書於二〇〇二年推出第十五版，萊茵貝克／漢堡，洛沃特出版社。

旅行箱裡了（明顯的家長自我）。如同孩子般快樂的伴侶，能喚醒另一半心中的快樂孩子特質。另一種可能性則是對方覺得被陽光小孩煽動，不得不經常喚出他的家長自我來掌控局面。

提醒一下：這個過程是無意識發生的。因此要是你不小心多以陽光小孩的一面生活，將會招來環境裡某個家長自我的反對。為此，伯恩進一步區分出「調適的」和「自由的」兩種孩子。陽光小孩比較容易出現在自由的孩子身上，快樂而且愉悅的孩子，容易在狀況發生的當下便出現行動和反應，這是種在基模治療中反覆提及的自我狀態。

儘管毫無意識，基模還是替你做了選擇

基模療法是行為療法的後續發展，其中包括「快樂的內在小孩模式」，意即陽光小孩模式。模式是種被活化的狀態，或說是「被呈現出來的內在部分」，任何行為都可從底層透過基模獲得動能。根據基模療法，我們的行為和情緒會強烈受到基模影響，且大部分是無意識的作用。基模是種心理學模式，由過往的記憶、感情、想法和身體感受組合而成。

在日常生活中，某種情況下的基模會透過誘發刺激而被啟動。例如：我和一個較年長的同事正深入討論某事，她突然以伸直的食指做出手勢（引發源），本來友善的談話瞬間翻轉。我感覺到我的胃痙攣（身體感受）、心生恐懼（感情），心裡暗想：「真是個蠢女人！」（想法）。但我在這一刻比較沒有意識到的是，這個手勢讓我聯想到我的小學老師，我們必須到「羞恥角落」罰站

之前，她總是伸直食指大聲斥責。和同事談話之間，我因此「滑入」受傷的內在小孩模式。在這一刻，我的應對模式（應對行為）是逃避：我從同事身邊走開，試著盡快結束談話。這當然是個人選擇，但更值得期許的卻是另一種行為方式。出於「健康的成人模式」，我或許應該委婉地向對方談談這個狀況，好比說：「我覺得我們的談話很精采，但是妳擺弄食指讓我覺得不舒服，我想起從前某些不愉快的情況。」偏偏受傷內在小孩模式已然啟動，我就是沒辦法表達我的感受。

由此可知，基模療法中的模式，是指**在某個情況下活躍起來的內在部分**，這會左右我們的行為和思想。基模療法當中有多種兒童模式、成人模式、應對模式，以及健康的成人模式和快樂的內在小孩模式，其中又以末兩種模式最值得關注。大家應該盡可能地處於健康的成人模式，它讓我們做出適當反應、解決問題；也要經常處於快樂的內在小孩模式，這是輕快、愉悅和樂趣所在[24]：又是一個內在陽光小孩描述！基模療法也強調，人們需要適時切換至快樂內在小孩模式，好讓自己振奮起來，並藉此保持積極、獲取力量、避免倦怠，感受全面的愉悅。基模治療師也明白，不能一律認定陽光小孩隨時都會輕易出現，尤其當我們不甚了解陽光小孩時，更要謹慎且細心地誘導他們。

24 出自吉塔・雅可布（Gitta Jakob）、漢妮・根德倫（Hannie van Genderen）、勞拉・賽鮑爾（Laura Seebauer）二〇一一年的著作《踏上另一條路：理解及改變生活模式：基模治療自助手冊》（*Andere Wege gehen: Lebensmuster verstehen und veränder - ein schematherapeutisches Selbsthilfebuch*），衛海姆（Weinheim），貝爾茲出版社（Beltz）。

6 用身體與陽光小孩親近

有許多方式可以親近陽光小孩，但經由身體最為直接、容易。人類的身體自有其智慧，無盡的感覺和記憶不僅保存在腦子裡，還經由身體被保存下來。體現研究（Embodyment-Forschung）顯示，人們的想法會深植於身體狀態、感覺和環境當中，與精神之間有種交互作用。「體現」若以字面翻譯，意思就是「轉化為身體反應」或「成為身體的一部分」。

研究者保羅・艾克曼（Paul Ekman）以及瓦歷・弗里森（Wally Friesen）[25]探索了「表情反饋」（facial feedback）也就是臉部的回應，並證實情緒會被臉部肌肉動作引發和改變。受測者表示，比起皺起眉頭，微笑並牽動臉部大約兩百條肌肉的感覺好得多，更重要的是，微笑是種正面情緒。我們會在高興的時候微笑，但微笑的確會讓人比較快樂，這就是一種透過身體（動作）記起內在陽光小孩的「體現」。陽光小孩會被微笑誘導出來，然後我們的心情轉為正面。

我第一次讀到相關資料時，便想起自己過去當服務生的時光。當時我還是個大學生，在牛排館裡打工，我其實老早就注意到自己不能一直處在惡劣的情緒裡。我當時不那麼想去上班、不想端著牛排雜耍似地穿越餐桌。但當我揚起微笑後，不一會兒，壞心情就幾乎消失殆盡。也許我的陽光小孩想著：「啊，她在微笑了，那麼或許我也可以現身一下？」

姿勢決定你是誰

不光是微笑，身體、感覺和行為間的交互作用，會在全身上下發生。哈佛大學教授艾美・柯蒂（Amy Cuddy）證實，當人們做出主導和高社會地位訊號的姿勢（例如張開雙腿站立、雙手叉腰）時，睪丸激素值（男性的主導荷爾蒙）便會升高、皮質醇值（壓力荷爾蒙）則會降低。這種效果只要受測者擺出該姿勢兩分鐘（沒錯，就這麼短）便會出現。而在面試的情境中，曾擺出主導姿勢的應徵者表現通常較好，因為他們顯示出更高的存在感，內心也自覺比較穩定[26]。

腦部研究人員葛拉德・胡特（Gerald Hüther）總結了體現研究知識：「致力於改變習慣的身體姿勢和行動模式的人，辛勞所得的報酬是重新發現自己的能力、新的體態、新的想法，遑論提高自尊心和自信心。這完全意味著自我塑造力和生命力的再發現。」[27]如果我們鼓勵身體做出和陽光小

25 出自菲利普・津巴多（Philipp Zimbardo）、理查・葛里格（Richard Gerrig）二〇〇八年的著作《心理學》（*Psychologie*）第十八版新修版，柏林，斯普林格出版社（Springer）。

26 出自艾美・柯蒂二〇一六年的著作《姿勢決定你是誰：哈佛心理學家教你用身體語言把自卑變自信》，正體中文版於二〇一六年由三采出版。

27 出自瑪雅・施托希（Maja Storch）等人二〇〇六年的著作《體現：理解並運用身體與心理的相互作用》（*Embodiment - Die Wechselwirkung von Körper und Psyche verstehen und nutzen*），波昂，漢斯琥伯出版社（Verlag Hans Huber）。

孩連結的動作：例如跳躍、攀爬、跳舞和大笑，自然就能映證上述論點。更多「陽光小孩動作」的相關引導和練習，請見本書第三章。

覺得「我老了」才是老化關鍵

體現論點說明身體如何影響感覺和思想，這種影響經常是毫無意識的，其造成的效應更會在意料之外呈現。其中令人印象深刻的，便是和老化相關「佛羅里達效應」（Florida-Effekt）。該效應描述的是，如果持續在思想上專注於「老年」這個主題，將對行為和身體產生作用。這種效應已於一九九六年由社會心理學家約翰・巴奇（John Bargh）證實。巴奇首先讓受測者以一些與「變老」、「老化／老人」相關的字詞造句，好比「灰髮」、「皺紋」、「拐杖」、「禿頭」以及「佛羅里達」（編按：佛羅里達位於美國加州，是著名的養老勝地）等。接著，受測者必須穿越長長的走廊進到另一個房間，並被告知要在此處進行該實驗的另一部分。

但巴奇和他的研究團隊想觀察的，其實是完全不同的事——也就是受測者的走路速度。他們偷偷計時，然後測定受測者從第一個房間移動到下一個房間的速度。實驗結果得證：**處理完老化相關文字受測者的走路速度，比之前處理「中性」字詞的受測者來得慢**[28]。佛羅里達效應因此被定調為老化效應。

那麼，這種效應可以反轉嗎？我相信是的。哈佛大學教授艾倫・南格（Ellen Langer）博士於一九七九年的研究結果可用來佐證我的看法。她和她的團隊讓受測者（七十～八十歲的男性），如同年輕時一般生活一週。「我們試著重建一九五九年的世界，要求參與研究者就像二十年前一樣生活。」[29] 南格和她的團隊營造出特殊氛圍，彷彿時光倒流至一九五〇年代末：布置典型的家具、播放古老的電視秀、陳列參加者年輕時的照片。除此之外，受測者更接獲指示，要求他們的說話方式必須像是重新年輕一次那樣；一九五九年以後出版的書籍、照片等更禁止攜帶入場。

七天結束之後，這些受測男性真的看起來變年輕了，聽力和視力都得到改善、肺部功能提升、認知功能也比之前好，肌肉力量增加，關節活動較從前靈活自如，不過短短一個星期而已！

---

28 出自丹尼爾·康納曼（Daniel Kahneman）二〇一二年的著作《快思慢想》，正體中文版由天下文化出版。

29 出自艾倫·南格（Ellen Langer）二〇一一年出版的著作《倒轉時鐘？以專注的療效達成老而健康——任何生命過程可改變性帶來的機會》（*Die Uhr zurückdrehen? Gesund alt werden durch die heilsame Wirkung der Aufmerksamkeit. Über die Chancen der Veränderlichkeit aller Lebensprozesse*），帕德朋（Paderborn），永弗曼出版社（Junfermann），頁十一。

閃亮的日子——
不要哭泣時光已逝，
應該微笑，
因時光曾在。

——羅賓德拉納特・泰戈爾（Rabindranath Tagore）

親近陽光小孩可使人年輕，你的身體會連帶憶起曾有過的活動性、彈性、速度和完整性，也許還能產生療癒作用。

7 陽光小孩和個體的發展

所謂「發展」，是指有方向性的變化，例如人從一個意識階段發展到下一個意識階段的過程。「意識階段包括人的活動形態和方式，使用哪些語言形態、做些什麼以及不做什麼，他們想什麼以及沒想什麼。」[30]在心理學當中，發展心理學研究的是「從受孕開始，完整一生的身體和精神變化。」[31]我們不禁要問，如果發展是終生之事，那麼成功的發展是什麼？從何發現陽光小孩？陽光小孩究竟是否和現存發展概念相容？

世界上並沒有「特定」的發展，非得從各種觀點描述才能略窺一二。比較能確認的是，有關發展的研究出現在各個心理領域，也被稱為「發展線」。有身體的發展、思考能力的發展（認知發展）、道德認知的發展、心理社會發展、或是情緒發展。不同的科學家曾描述不同的發展路線：尚・皮亞傑（**Jean Piaget**）致力於研究認知發展；勞倫斯・柯爾伯格（**Lawrence Kohlberg**）和卡

---

30 出自威佛里德・艾爾曼（Wilfried Ehrmann）二〇一一年的著作《因勇氣而成長。整體療法的七個階段》（*Vom Mut zu wachsen. Die sieben Stufen der integralen Heilung*），畢勒菲爾德，堪普豪森出版社（Kamphausen），頁二十。

31 出自菲利普・津巴多／理查・葛里格的著作《心理學》，二〇〇八年第十八版新修版，頁三六二。

蘿・紀里根（Carol Gilligan）研究道德發展；亞伯拉罕・馬斯洛指出需求如何發展；艾瑞克・艾瑞克森則關注心理社會發展。

我現在要暫時為內在陽光小孩設定一個區間，也就是從零歲～十一歲之間的童年。當然還有在母體裡的生活：受孕到出生的時期。也許在這之前還有前世的生命，但現在就先著眼於這十一年。我們還可以把這十一年粗略地劃分為：

- 嬰兒期：出生～大約十八個月大（一・五歲）。
- 童年早期：從十八個月～大約六歲。
- 童年晚期：從大約六歲～大約十一歲。

根據陽光小孩論點，我將依據各項資源審視這些發展階段。俗話說「隨時關注生命中的光明面」（Always look on the bright side of life），我想研究各個發展階段時的陽光小孩經驗，並檢視是否值得把他們重新召回生命中。這樣的目標可能辦到嗎？我認為是的，而且不只我這麼想。藉著體現讓發展經驗活躍起來，進而更能整合到生命裡，這是體現研究普遍的認知（前文已述）。

我從美國作家珍・休士頓（Jean Houston）身上得知這個論點。休士頓是「人類潛能運動」（Human Potential Movement）的創始人之一，她帶領有興趣的小組，進行經過引導的身體運動，學員可藉此經歷演化的所有階段，從單細胞到現代智人。這種運動的目標是將各發展階段的經驗拉到當下，「使我們認可過往、使之成為經驗，好讓自己莊嚴且專注地邁向未來」[32]。人在生命的最初三十六個月，經過個人的生物、心理及智力發展（個體發生〔Ontogeny〕，最後達到種系發生〔Phylogenesis，現代智人的演化〕）。例如人類的發展從受精卵開始，就像魚類從魚卵開始一樣。

我試著從許多心理學發展模式抓出幾個，藉此探索陽光小孩的存在，這件事並不容易。不過我終究還是選出了兩種以個人發展為核心的模式：艾瑞克．艾瑞克森的心理發展模式，以及亞伯拉罕．馬斯洛的需求發展模式，這兩種模式甚至彼此呼應。[33]

每個階段都有不同的生命任務

美國心理學家亞伯拉罕．馬斯洛以需求金字塔聞名，他嘗試描述促使人類前進的究竟是什麼，尤其是那些能自我實現的人，推動他們的是什麼？為什麼他們選擇去做某些事而非其他事？他發現需求如同階梯般層層相疊，當基礎需求被大部分滿足後，才能使後續需求開展。

32 出自珍．休士頓一九八四年出版的著作《可能的人，人類潛能發展手冊》（*Der mögliche Mensch: Handbuch zur Entwicklung des menschlichen Potentials*），巴瑟，斯芬克斯出版社（Sphinx），頁一六三。

33 出自羅伯特．凱根（Robert Kegan）一九八六年的著作《自我發展階段：人生的進步與危機》（*Die Entwicklungsstufen des Selbst. Fortschritte und Krisen im menschlichen Leben*）。慕尼黑，金特出版社（Kindt）。

舉個例子，唯有無須挨餓，人們的精神和身體才會覺得安全；當獲得周圍的人讚許後，我們才會去追尋生命任務。因此馬斯洛的需求金字塔具有發展觀點：先有一個需求層面被滿足，下一個需求層面才會發出訊號，然後等待被滿足。哪些需求在何時顯現，更取決於我們處在哪個生命階段，以及面對哪種生命任務。

艾瑞克．艾瑞克森認為人的發展特別受到生命任務影響，這些任務是每個人都要面對的[34]。他將人們的終生發展分為八個階段（見左頁圖表），此模式涵蓋人的一生，其中前四個**構成童年的階段格外重要**。每個階段都有個典型的衝突或危機，因此每個年齡都有必須完成的特殊生命任務。當任務順利告終，就奠定了後續發展的基礎；**如果生命任務未達成，就會顯現在兒童及甚至後來的成人性格結構上**。值得注意的是，生命任務並不會一下子就完成，兒童、青少年甚至成人後，都免不了在極點之間搖擺，這些極點標示著發展的挑戰，人們必須在領域習得經驗，直到你能停止搖擺為止。與此同時你已形成基本信念，下一個生命任務也會跟著出現。

34 出自艾瑞克．艾瑞克森的著作《認同與生命週期》（*Identität und Lebenszyklus*）二〇〇〇年第十八版，法蘭克福／麥茵河畔，舒爾坎普出版社（Suhrkamp）。

艾瑞克．艾瑞克森主張的終生發展八階段

生命任務及年齡	適當的生命任務解決方式	不適當的生命任務解決方式
信賴 vs 懷疑（0～1.5歲）	穩定而基本的安全感受，原始信賴感。	不安及焦慮。
自主 vs 自我懷疑（1.5～3歲）	自我認知為行為者，能控制身體，察覺自己是事件肇始者。	懷疑自身控制事件的能力。
自發 vs 罪惡感（3～6歲）	信賴自己的自發行為和創意。	缺乏自我價值感及自尊感受。
能力 vs 自卑（6歲～青春期）	信賴自己的社交能力和智能。	自卑感，挫敗感。
自我認同 vs 角色混亂（青少年～成年）	堅定相信個人。	察覺自我是殘缺不全的；搖擺、不安的自我意識。
親密感 vs 孤立感（成年早期）	可和他人產生連結、滿足的伴侶關係。	孤立，孤獨感；無能和他人有所聯繫。
世代性 vs 停滯（成年中期）	對超出個人相關的事務感興趣；家庭、社會、鄰里。	關切自身利益；缺乏未來方向感。
自我完整（生命圓滿）vs 絕望（較高齡成年期）	整體感，對生命感到滿足。	徒勞和失望的感覺。

（資料來源：津巴多／葛里格，2008年；歐特／蒙塔達，1998年製表）

童年生活與陽光小孩

那麼在零歲~十一歲的童年階段，究竟發生了什麼事？陽光小孩又出現在何處呢？

在第一階段（從出生~大約一歲半），嬰兒仍需親人照料，需要餵食、背負、換尿布、洗澡、擁抱和扶持，這能讓陽光小孩產生信賴，有些文獻將之稱為「原始信賴」。我還記得我帶著那種溫柔照料的感覺看著我的長子卡羅，我看著他小小的腳、撫摸他柔細的嬰兒肌膚；我也深深記得對他的愛，我願意為他做任何事，只要他永不受苦。

孩子出生第一年簡直是發展奇蹟。起初連頭都撐不起來的小人兒，原則上一歲時就能穩穩坐著，十八個月大的時候也許就能站立。每個孩子都帶著與人建立起牽絆的意願來到這個世界，在這個階段，孩子們陽光燦爛的一面在於能和他人產生連結及信賴。「信賴是和雙親之一緊密連結的自然伴隨現象，父親或母親將營養、溫暖和貼近身體產生的良好感覺，忠實地傳遞給孩子。」[35]

此外，隱藏在第一階段的內在陽光小孩，也和滿足身體需求大為相關：睡眠、進食、喝水、溫暖和避免疼痛。根據艾瑞克·艾瑞克森的論點，這些需求被滿足的同時，還會凝聚出信念：「我們都是他人賦予的樣子。」想要再度喚醒這個階段的陽光小孩特質，可選擇帶有「被照料感受」的練習行為，例如吃一頓烹飪好的美味食物、舒適的身體接觸（按摩、搖動、撫慰）等。同樣也建立在這個階段的，還有感覺身體需求的能力，並同時照顧好自己。例如覺得寒冷時就蜷縮在溫暖的被子裡，或是疲累時就小睡一下。（相關項目可在本書第三章再次複習。）

讓孩子建立自主感受，同時理解自己受到約束

第二階段（十八個月~大約三歲）的特徵，是孩子更能自發去做某些事。他會自己吃奶油麵包、甚至自己塗奶油、自己打開廚房門，或是疊起高高的積木然後拆掉。一旦孩子能自發動作，他的行動範圍就會擴張；也因為他學會了說話，能和其他人互動，如此一來，他便更清楚界線何在。孩子會在此時產生最初的自決、獨立和自主感受、（在理想的情況下）並朝向自信發展，讓他「決斷地進行新任務」。[36]

「我在這裡」，你內在的陽光小孩這麼說，自覺地站穩雙腳，與這種嶄新的「我在這裡」感受相連的信念是：「我是我想要的樣子」[37]，此時的孩子不時嘗試激烈地反抗雙親、踩踏界線和抵觸規則，因此這個階段也常被稱為「頑固時期」。你很難決定孩子何時能貫徹自我意志、何時必須加以限制。我永遠忘不了我的次子里歐突然抓狂的模樣，當時我不許他獨自走上交通繁忙的街道，他搖晃著我飛快關上的大門門把、小臉漲得通紅，用盡全身的力氣嘶喊：「我就是要出去！」

35 出自菲利普．津巴多／理查．葛里格的著作《心理學》，二〇〇八年第十八版新修版，頁三八九。
36 出自菲利普．津巴多／理查．葛里格的著作《心理學》，二〇〇八年第十八版新修版，頁三八九。
37 出自艾瑞克森的著作《認同與生命週期》，二〇〇〇年第十八版，頁九十八。

這個階段的幼兒想要的，往往超過他能負荷的，安全需求是優先考量。孩子的關係人（即父母、監護人）必須確認孩子自行試驗的周邊是否安全，除此之外，你還得讓孩子遵循設定的界線，並確保界線不會推移（變得越來越寬鬆），這同時也帶來了安全感。

此階段的內在陽光小孩特質和動作相關，涉及手勢、表情、征服空間，從自己的話語和聲音獲得樂趣，安全感，以及穩定地以雙腳站立（這些特質可藉著本書第三章的習題重新活化）。讓孩子了解「我的力量並非獨一無二，還有個反作用力在約束我」，以及「我狂躁的時候會被制止」，都是非常珍貴的經驗。

在下一個階段（大約三歲～六歲），「孩子能充滿力量而且獨立地四處活動。他樂於以成人來衡量自己，開始比較，發展出毫無止境的求知欲望，尤其是普遍的大小差距和特別的性別差異。他想出自己未來的角色，或著嘗試去理解哪些角色值得模仿。」[38]因此像「父親－母親－孩子」的角色遊戲（即家家酒）或是變裝遊戲等，在這個年齡非常受歡迎。

我記得在那個時期，有一次我到幼稚園去接兒子卡羅回家。他哭著告訴我——他當時四歲——他不想再當嬰兒了，他也想當一次爸爸，原來在「父親－母親－孩子」的角色遊戲中，有個稍微大一些（大概五歲）的小女孩老是指定卡羅當嬰兒，他無法釋懷。

孩子渴望長大，有時可能自覺已經長大。六歲時，孩子也許已曾經獨自走到街角的麵包店，替全家人買些星期天要吃的早餐麵包。孩子可在此階段**學習自發行動**，明白：「我可以辦到些什麼。」——「我是我想像要成為的那個人。」[39]再次強調，安全需求也要受到重視，使孩子在擴展世界之際不致受傷。這個階段的內在陽光小孩特質是探索周圍的世界。建立友誼的能力始於這個時期；還有察覺自己的衝動，並衡量是否順應這樣的衝動。他們的想像力已能領會未來，可讓孩子自行描繪出「我以後要當……」為了更接近這個時期的陽光小孩，偶爾做些白日夢的練習是可行的，這讓我們能切換成其他角色，就像變裝舞會、心血來潮改變造型一樣。

> 從孩子玩耍的方式可以預測，他長大成人以後會如何完成他的生命任務。
>
> ——魯道夫・史代納（Rudolf Steiner[40]）

最需要行為能力大人支持的階段

在學校時期（大約六歲～青春期初期），孩子會更因為自己的能力逐漸甦醒而感到喜悅，並且從中成長。在這個階段，我們擴充能力、使之精進；學校課程和運動有助於理解自己的能力將

38 出自艾瑞克森的著作《認同與生命週期》，二〇〇〇年第十八版，頁八十九。
39 出自艾瑞克森的著作《認同與生命週期》，二〇〇〇年第十八版，頁九十八。
40 譯註：史代納生於奧匈帝國，歿於瑞士（一八六一～一九二五年），推動人智學（Anthroposophy），也是華德福教育創始人。

達成什麼，或無法達成什麼；我們練習「目標明確地處理玩具和事物，以思考、實驗和計畫處理經歷，獨自一人或是和玩伴一起。」[41]在這個時期，孩子需要提供支援的成年人，鼓勵他擴充各種能力，不要因自己的極限而絕望。

孩子在這個階段將學會如何在團體中活動，並自我調適。這時我們會對自己能做什麼產生概念，也會和其他人比較。這個時期的陽光小孩特質是：永遠在心底支持我們的鼓勵聲、和他人較量的快樂、對自己的生理及精神力量產生興趣。此階段的陽光小孩練習，涉及力量及技能的衡量，例如小搏擊、競賽或是變魔術、寫詩或烹飪。我的兩個兒子都玩足球，不論是比較力道、評估誰能做什麼，誰踢進幾球，誰有幾次直傳，這些都無比重要。此時期的孩子格外需要被認可，他們渴望較量，並將這些經驗視為珍寶、想要歸屬其中，並將這樣的渴求內化成下列心聲：「我能辦到什麼？」、「我可以成為我學習到的那個樣子」、「我想為團體做出貢獻」。

孩子的發展至此尚未結束。新的發展心理學概念強調，發展是終生過程，每個階段都有其神奇之處及挑戰，每個階段都建築在前一個階段上。

記憶的界線與無垠

讀到這裡，你或許想問：「這些過去已經離我遙遠，差不多都忘了，我們真的能重新活化每個階段嗎？」答案是否定的。有些東西一旦逝去就不能復甦，也因此才有新的事物不斷誕生。我們能做的，只是透過實際的練習，喚醒那些被你封存在腦海深處的原廠設定（原型）。

幾乎沒有人能記得自己學會說話之前的時光，那時必須大叫才會有人餵飽我們。再詳盡的記憶都有界線，你再怎麼有意識地去記憶，也總有想不起來的部分。有趣的是，一些你沒刻意去記的事情，反而會默默地潛進大腦裡，這種記憶會在我們突然哼起某首曲子時才被喚醒，而在這之前你根本不記得自己知曉這首曲子。

在其他的意識狀態下，好比「出神」，我們會接觸到已經非常久遠的經驗。熟悉出神狀態的人，往往能記得非常不可思議的事。我曾讀過一本有關催眠的書，記載了一個被催眠的老太太，她在出神狀態下，忽然開始說起俄語，起初她根本無法解釋，然後她的姊妹卻想起他們還是小孩子的時候，曾給一位俄國保姆照料。另外，像全息呼吸（Holotropic Breathwork）這種身體療法，使用加速、加深的呼吸改變意識狀態，病患甚至可以回想起自己在母親子宮內的經歷，但這些究竟是不是真實的記憶，至今還沒有定論。

41 出自艾瑞克森的著作《認同與生命週期》，二〇〇〇年第十八版，頁一〇二。

8 反璞歸真不等於耍小孩脾氣

給孩子們號令，
他們不算計自己做了什麼。
世界屬於孩子，
終結憂愁，
我們將會笑倒。
孩子掌權。

——赫爾伯特．葛隆納麥爾（Herbert Grönemeyer，德國流行音樂歌手）

即使葛隆納麥爾這首《孩子掌權》非常美妙（他甚至以「笑倒」來稱許所有的陽光小孩），我也絕不會在書中呼籲大家變得更孩子氣一些——恰恰相反。試想，若我們有個（內心）七歲的市長或十一歲的首相，會有多可怕？成年的部分個性絕對值得嘉許和期待，也正因這分成熟，人們才能做出以理性為基礎的決定。我在乎的是察覺內心愉悅的孩童天性，使之常駐心中、於日常中實踐，絕非毫無反思地陷入幼稚、任性裡——也就是有意識地操縱正面的孩子力量。

向陽光小孩學習「跨越理性」意識

自從啟蒙時代，帶有批判色彩的理性主義在西方盛行之後，成年人若表現得太過自我中心，就很容易被訕笑、甚至譏嘲。為此，我們不再相信復活節的兔子或牙仙、不再盲目崇拜英雄、不再讓強者的霸權恣意橫行。我們學會切換視角，找出理性的抉擇標準——這是多麼幸運的事。但或許人們早已矯枉過正，因此才迫切需要陽光小孩的特質，也就是天真、興奮和直覺，以克服現階段的挑戰。

不必擔心，我不會主張過去的時代比較美好：石頭比較沉重、牛奶比較白皙、石器時代的人類比較快樂。不！重要的是，在一個嶄新的層面上，將陽光小孩再度融入個性當中。陽光小孩氣息結合了成人成熟、雕琢過的心靈，這種「跨越理性」（transrational）的意識相當值得追求，「跨越理性意識接受科學結論，邏輯且理性思考，但是同時跨越理性觀點設定的界線，除了理性也接受直覺、想像、身體感受和其他知識管道。」[42]

42 出自提爾曼．哈柏勒（Tilmann Haberer）、瑪麗翁．庫斯騰馬赫（Marion Küstenmacher）、威爾納．提齊．庫斯騰馬赫（Werner Tiki Küstenmacher）二〇一〇年的著作：《上帝9.0：我們社會精神成長何去何從》（*Gott 9.0 - Wohin unsere Gesellschaft spirituell wachsen wird*），居特斯洛（Gütersloh），居特斯洛出版公司（Gütersloher Verlagsgesellschaft），頁二七五。

實際上，人們必須等到內在陽光小孩重獲關注、過去受到的委屈和傷害痊癒，才有機會免於無意識地做出孩子氣行為。當我們集中發展早期的力量，並讓這個力量餵養及強化我們——也就是設法讓自己變得更性感一點——那些屬於成年人的目標才更值得追求。也許孩子和青少年就是因為覺得成年人是樂趣殺手（無聊得像白土司、嚴肅得像新聞主播，只有喝醉時才稍微放鬆一點），所以才不想長大。

光明與黑暗是一體的兩面

陽光小孩論點並非要你重回發展早期階段或退化，而是整合那些時期所展現的特質。前文提過，發展具有方向性，它會將過去種種統整、昇華以成就越來越複雜的結構。而發展是敏感的。在過程中可能分裂、遺忘、立下禁忌、產生情結；甚至產生神經官能症：陷入憂慮，被各種感覺淹沒（也就是可能會出錯）。若碰上創傷及傷害自然得處理，但陽光開朗的一面同樣值得注意。聽起來有點矛盾，若想找回你的內在陽光小孩，就必須先處理存在你內心的黑暗面。「『陰影』這個概念指出心理的『黑暗面』——是我們內在的觀點，它被分割、駁回、否定，從我們面前隱藏，或是以其他形式被排擠。」[43]

有的時候，我們也會把陽光小孩隱藏至陰影之下。人們太常把自己積極、勇敢的一面推到一旁，然後持續以血拚、享樂、麻醉自我等方式自我取悅，而非從自我本身找尋快樂（見第六十六頁

〈越是壓抑，越容易上癮〉）。尤其當你成年，依然想要繼續發展的時候，就需要更穩定的基礎、健康的根柢；在我們伸出雙臂，想擴大心靈，但同時保有謙遜時給予支持。我們有機會有意識地接近內在陽光小孩，刻意找出他，而不只是偶一為之，這也是邁入成人階段後的再一步發展。也許如此一來，你便會進入更高的發展階段，「每高一級的發展階段意味著更多的愛，心會變得廣大而且越來越大，不斷擴張再擴張。」[44]

---

43 出自肯・威爾柏（Ken Wilber）等人於二〇〇八年出版的著作《整體生活實踐：二十一世紀生理健康、情緒平衡、心理澄澈與精神覺醒藍圖》（*Integral life practice: a 21st century blueprint for physical health, emotional balance, mental clarity, and spiritual awakening*），波士頓，整合出版社（Integral），頁四十一。

44 出自米夏埃爾・哈貝克（Michael Habecker）宋妮亞・史都登特，（Sonja Student）二〇一一年出版的著作《知識、智慧與現實：開明靈修觀點》（*Wissen, Weisheit, Wirklichkeit. Perspektiven einer aufgeklärten Spiritualität*），畢勒菲爾德，坎普豪森出版社，頁九十五。

9 越是壓抑，越容易上癮

內在陽光小孩有時會繞些路，甚至走上歧途。當我們禁止自己快樂太久，一切變得毫無樂趣，生命只剩過度嚴肅，內在就會升起渴望——渴望被釋放、刺刺癢癢的生命喜悅。如果我們沒有給予這樣的渴望任何空間，它就會來個大轉彎。日常生活中，越是不允許自己表顯出孩子氣或幼稚行為的成年人，越會轉而使用享樂品、毒品，或是陷入購物狂熱之中。

缺乏愉悅幾乎可說是消費社會的驅動力，它的作用方式就像翹翹板一樣：我們強撐過一段時間，好比面對挑剔的顧客、克服了壓力極大的銷售談話，接著你就想獲得報酬，用一大球冰淇淋讓自己降溫、用購物慰勞自己，或是痛快地喝光兩杯紅酒。我們覺得自己有權這麼做，的確，這麼做通常會讓人比較舒暢，至少在短時間內。「許多成年人不滿意、不安或緊張時，就喪失傾聽自身需求以及運用有益機制的能力。一旦有壓力，他們就塞下披薩或其他任何可取得的食物。」[45]

為什麼學壞特別快？因為舒壓

從腦部研究得知，如果當下的行為能提供脫離壓力的途徑，該學習經驗就會特別穩固。出現壓力反應的時候，我們的腦子會以為那是攸關生死的事，如果很幸運的找出擺脫壓力的解決之道，腦子就會記得特別清楚。人們平常要十分辛苦才能記住些什麼，例如把單字唸好幾次：「桌子：table」，才能在腦子形成一條記憶小徑；但擺脫壓力的做法卻能立刻固著在腦子裡，不是一小條記憶路徑，而是**直接建造出一條神經高速公路**。舒壓會讓人上癮，結果就是不斷點購下一杯冰淇淋、下一杯紅酒，還有安排下一次的瘋狂血拚。電視廣告抓準的就是這種短期的壓力紓解現象。我還記得HB香煙小人（編按：德國香菸品牌）的廣告：「誰想要立刻飛上天際？」先抽根煙吧。或是某牌全脂優酪乳的廣告：「享用這種優酪乳，就代表著下班的心情。」尤其是酒品廣告老愛承諾這會帶給你快樂：「就像夏日傍晚一樣興高采烈」，或說「今晚過得像個國王吧」，把小瓶的利口酒裝在實用的提袋裡，當成「歡樂包」一般吹捧。

你若看過啤酒帳篷底下滿滿的人潮，那你一定同時也看到那些成年人一起唱歌、大笑，甚至在桌上跳舞，這是他們在「正常」狀態下絕不會承認的事。我們的內在陽光小孩想要快樂的感覺、生命的愉悅以及體驗連結感，藉助毒品或酒精可以盡快達成目的，這樣的誘惑很少人抗拒得了，但第二天就得飽受宿醉之苦。「天啊，我做了什麼？跟老闆像哥兒們一起喝醉了？現在我得和他平輩相稱？跳了康康舞？我的內褲被看見了？希望沒有人錄影！」

你或許會想問：「我們的陽光小孩任性妄為了嗎？」或是「我在正常生活裡能贊同這些行為

45 出自維爾納．巴頓斯二〇一一年的著作《快樂醫藥：真正有效的是什麼》，頁二十七。

嗎？」令人絕望的是，「絕不再犯」這種違背享樂天性的決定，只有在你讓陽光小孩透過其他管道獲得滿足後才行得通。否則可想而知，你會持續以這些終將導致憂鬱的方式來趕走鬱悶。

無意識的享樂行為，八成是陽光小孩在搗蛋

就連想吃條巧克力，也可歸因於不滿足的內在陽光小孩，這正是你對甜美生活的渴望。陽光小孩傳遞的訊息很清楚：「我想要來點甜美的享受！」那麼要如何辨識自己只是剛好想吃巧克力，還是你不滿足的陽光小孩在背後作祟？關鍵在於你有沒有意識到自己在做什麼。

若是陽光小孩主導，你的行為幾乎是無意識的，只要十分鐘，有時甚至只需三分鐘，一大片巧克力就被吃完了，而你幾乎沒有印象——在這種情況下絕對是陽光小孩在主導。「巧克力真好吃！再多一點！」我們總是在事後才注意到巧克力全部都消失了，如果運氣不好，之前美味的榛果巧克力就會以贅肉的形式，出現在我們不樂見的地方（例如臀部）。

毫無節制（且無意識地）購物，也可能造成不愉快的後果。例如你採買回家，提著一堆袋子，裡面裝滿各色物品，上頭裝飾了金色的小星星、繽紛的圓點、可愛的小花或是小小的米奇老鼠。而你自問：「我本來不是想買辦公用品的嗎？」內在陽光小孩才不在乎你的信用卡是否刷爆，他對金錢或未來根本一點概念都沒有。所以你若太常超支，很可能是因為你放任陽光小孩處理財務收支。在這種情況下，你應該和陽光小孩談一談：「我知道你喜歡購物，但是你看，我們沒有那麼

多錢。下次你一定要控制在〇〇〇元以內（視個人帳戶而定），但你可以買你想要的。」如此一來，你就能少買某些不必要的東西，並避免錢包瞬間暴瘦。

我上癮了嗎？問問你內心的孩子

另一方面，你若能有意識地重新活化內在陽光小孩，他就能幫助你避開不健康的享樂品，購物時也會更理性。當心中浮現欲望，那種「我一定現在就要！」的迫切感湧上來時，趕快問問你的陽光小孩：「你想體驗些什麼嗎？最近少了什麼感覺？」並考慮一下如何滿足這些需求，而不必伸手取用那些害人的享樂品。你可以考慮進行一個小小的「替代治療」，藉由各種正向方式，讓陽光小孩規律地融入日常生活，不受控制的狀況就會變少。本書的第三章可以給你一些靈感。

喝酒、暴食、瘋狂購物，這一切都可能真的成癮。當惡性循環形成後，就會把我們推進成癮症的懷抱。例如：肥胖的年輕人在學校裡被捉弄，讓他非常受傷而且沮喪，但他自我安撫的方式卻是吃東西，於是放學後他就狂吃洋芋片。曼弗烈．呂茨（Manfred Lütz）在著作《謬誤，我們治療錯對象了，我們的問題在於正常人》（*Irre, wir behandeln die Falschen. Unser Problem sind die Normalen*）中提到，**越是敏感的人，內心就越容易深藏著一個困頓的陽光小孩，並經常以成癮行為做出反應**。當世界變得冷漠時，成癮而敏感的人往往感受強烈。呂茨說：「容易受傷而且敏感的人已經沒有容身之地。（中略）**成癮的人反而更常散發出更多人性溫暖**，不少時候他們比正常人還敏銳，但這些人面對的卻是毫無限制的正常人，以肆無忌憚的攻擊性把他們推進成癮的深淵。」

讀到這裡時，如果你不禁自問：「我上癮了嗎？那是『真正的』成癮症嗎？」請認真傾聽你內心的聲音，並鼓起勇氣找人談談；如果有需要，請求診家庭醫師、成癮症治療師，越早越好。「依賴性不可成為恆常狀態，這些狀況並非再也無法改變，而是種應該也能夠加以處理的危機，這是種動態過程，人們可以改變自己的行為。」[46]你絕對可以做些什麼，而不是把依賴視為常態。請相信自己！

46 出自羅瑞利斯．辛格霍夫（Lorelies Singerhoff）二〇〇二年的著作《女性與成癮症》（*Frauen und Sucht*），衛海姆，貝爾茲出版社，頁十一。

10 當陽光小孩碰上陽光小小孩

我的孩子已經幾乎長大成人了，可惜我太晚接觸陽光小孩，否則我們一定會獲得更多樂趣。孩子在成長過程中需要父母的引導及界線；但他們也同時渴望父母能一直守望自己、共同參與生活、懂得關注、傾聽和感覺。

孩子需要的正是某些文獻所說的「優質時間」（quality time），意即完全投入的時間，不會被手機鈴聲或成年人繁瑣的思緒干擾。可惜，現代的大人已不能這般全心回應孩子，動不動就喊無聊、覺得這段時間被浪費了，更別說陪伴小孩比工作還耗費精神。唯有他們允許自身的陽光小孩活躍起來，才能克服這一切，把真正的孩子和成年人放在一起，讓「陽光小孩對上陽光小小孩」，也許就能打造真正的優質時間，你們可以一起玩偶戲、堆積木、畫圖，讓雙方都感到滿足，原本漫長的時間也將飛逝如梭。

分心讓孩子無法成長。

——迦納（Ghana）契維（Twi）諺語

我的大兒子卡羅大約五歲時喜歡搭火車，他會在家裡玩火車遊戲，並假扮成司機。他有頂司機帽、一個哨子，還有一台仿製的車票掃描機。有時他在家裡玩，我得一次又一次出示我的車票，然後問他：「列車長先生，還有幾站到漢諾威（Hannover）？」儘管真的很累，但有些時候我的陽光小孩便就此活躍起來，每到這種時候，角色扮演遊戲就能順利進行。後來車上還賣起冰淇淋，就連泰迪熊也跟著我一起搭車——泰迪熊不安分地在我腿上晃來晃去，有時還調皮地想起身拉緊急煞車，惹得列車長趕緊過來制止——本來我在玩這個遊戲的時候經常看時鐘，深怕錯過煮晚餐的時間；但**當我全心投入時，時間一轉眼就過去了**。這段深深存在我心裡的母子相繫的特殊時刻，也許也收藏在我兒子的心裡。

與生俱來的共感能力

溝通心理學稱這種共振為「牽繫」（Rapport）。Rapport這個字有多重意義，在軍事用語上，指的是士兵的報告，立正站好，然後向長官回報消息。除此之外，Rapport也是一再重複的花色，就像毯子上反覆出現的小花一樣。人如果和某人，好比陽光小孩，進入Rapport的狀態，可說是進入了別人的模式當中，在正確而良好的「牽繫」之下，彼此的模式交織，到最後究竟是誰取用了誰的模式、誰引領著誰，都已無法分辨了。

我和剛才一起玩樂的陽光小孩一起大笑，我笑了，陽光小孩也笑了。人類天生就有這種共振、同調以及發生共鳴的能力，任何人都一樣。大腦中有無數的鏡像神經元（mirror neuron），它存在的目的是為了讓我們擁有同理心，懂得共感、設身處地去感受[47]。因此我們能順利地以言語和非言語回應孩子，這些行為都是在無意識的狀態下完成的。例如母親在餵孩子時，自己也會像吃著糜糊的嬰兒般張開嘴巴，或在散步的時候放慢自己的速度，以配合孩子的步調。這種適應過程是雙向的；情緒也會傳染、擴散，以言語或非言語形式。美國最著名的醫院小丑派奇·亞當斯（Patch Adams）還是個年輕醫師的時候就深信，他的快樂是會傳染的：「我發現，只要我輕快而微笑著走進病房，病人就立刻開朗起來。」[48]

讓孩子以自己的方式完成任務

然而，一旦內在陽光小孩被圍堵，我們就不容易和外在的陽光小小孩（即真實的孩子）產生

47 出自尤阿辛·鮑爾（Joachim Bauer）二〇〇六年的著作《我為什麼能感覺到你的感覺：直覺溝通以及鏡像神經原的奧祕》（*Warum ich fühle, was du fühlst. - Intuitive Kommunikation und das Geheimnis der Spiegelneurone*），慕尼黑，海納出版社（Heyne）。

48 出自派奇·亞當斯、莫里安·麥連德（Maureen Mylander）一九九八年的著作《健康！以獨特方式將清新的風使你的健康揚帆，把新風潮帶入健康設施和整個社會系統：成功連結學院醫療協助和替代治療方式，結合幽默和愉悅》（*Gesundheit!: Bringing Good Health to You, the Medical System, and Society through Physician Service, Complementary Therapies, Humor, and Joy*），紐約，Healing Arts Press 出版社。

牽繫。當你注意到，家裡的人相處怎麼好像拉起手煞車一般小心翼翼時，可以試試這個有效的放鬆和建立牽繫的方式：一起唱首歌。合唱時必須彼此相應，否則就唱不起來（是否唱得好聽和建立牽繫無關，大家放心）。我的孩子很愛和我聊起某個夏天，那時我們在車裡一次又一次地大聲唱著七月樂團（Juli）的歌《完美的波浪》（*Die perfekte Welle*）。無聊的行車時光頓時變得有趣起來，我們情緒也變好了。建立牽繫也意味著專注，你會注意到其他人當下需要什麼、什麼對他們有益。寧靜還是活動？說話還是沉默？

有時候孩子們只想不被打擾，在正確的時候得到支持，否則就讓他們獨處。義大利知名的醫師及教育家瑪麗亞．蒙特梭利（Maria Montessori），非常信賴孩子們的創造力和集中力。對她而言，學會語言就是孩子達成奇蹟的例證。「我們必須從孩子達成奇蹟的觀點來看待他們。沒有任何建設比得上人類創造的這些奇蹟。」[49]她稱孩子的行為嘗試為「做事」，她認為成人不該老是糾正孩子，以致不肯放手。她希望父母和老師能相信自己孩子的發展能力：「父母能給孩子最大的協助，就是提供他們以自己的方式完成工作的自由，因為你的孩子比你更了解這些事。」

身邊有孩子的人不會變老。

——改寫自約翰．沃夫岡．歌德（Johann Wolfgang von Goethe）

如果你和孩子有交集（不論是因為你自己有孩子，或是你的職業和孩子相關），那麼和你內在的陽光小孩維持良好聯繫，將會很有益處。特別是當你想和孩子玩樂、打算或想誘導他們發揮創造力、讓他們完全投入的時候。陽光小孩的能量，就像打呵欠一樣會傳染，你可以一方面扮演成熟理性的角色，在健康的成人模式下（見第四十一頁〈陽光小孩如何影響你的部分個性？〉）控制局面，另一方面你也可以是個陽光小孩，能全心投入其中。小孩子很容易理解這種位置轉換，只要你清楚界定與他互動的是哪一個你。例如，你可以改變音調，用兩種不同的聲音說話；或是以不同的位置來顯示這兩種角色的轉換。當你身為引導者時，或許可以帶點距離站在孩子前面，切換至一起玩樂的陽光小孩時，則可和孩子一起坐在桌邊。

我的朋友雷吉娜，她義務訓練一支女生隊伍參加排球賽，早已運用陽光小孩原則多年，卻從未明白地把這件事說出來。女孩們都愛她，因為她知道怎麼對她們每個人心中的陽光小孩說話。「你會看到她們眼裡的光芒，那是給我的導引。」這樣的做法甚至幫助雷吉娜解決許多麻煩狀況。如果某個女孩向她說些傻話，或是彼此厭惡時，她會立即處理：「做妳想做的事，我還是會看到妳的優秀能力和潛力。我看到妳心中的太陽，即使它目前被雲所遮蓋。」女孩們感覺得到這種根本的善意，並明白自己被視為陽光小孩，然後很快就重新恢復自制。雷吉娜認為，持續的愉快心情可為

49 出自瑪麗亞．蒙特梭利一九九九年的著作《正確鼓勵孩子》（*Kinder richtig motivieren*），弗萊堡（Freiburg）／巴瑟／維也納，賀爾德出版社（Herder），頁二十六起。

戰略帶來優勢。「打排球不會和對手有身體接觸，彼此對抗的層面大多建立在心理上——這時陽光小孩是極度重要的，他可使人情緒穩定。」

學校不該只是要人「坐著不動」的場所

當孩子們因為幼稚園（或其他學校）設定的框架條件絕望時，活躍的內在陽光小孩能幫助我們更能了解狀況。坐著不動、少活動、多例行公事、無聊，這些都不是陽光小孩喜歡的。作家理察・大衛・普列希特（Richard David Precht）在著作《安娜，學校和親愛的上帝》（*Anna, die Schule und der liebe Gott*）中，描述了他的兒子奧斯卡對學校的感覺：「奧斯卡一想到他的學校，就想到無聊和坐著不動。對他而言學校是要完成課程的地方，而他根本不在其中。（中略）奧斯卡對學校的懊惱不是個案。」普列希特認為，**創意與堅持己見，和現行的學校規範是完全相悖的系統**。

作家米夏埃爾・恩德斯（Michael Endes）也認為想像力也不見容於學校，因為我們的社會早已破敗成殘酷的競爭市場，他在著作《米夏埃爾・恩德斯的便條盒子。速寫及筆記》（*Michael Endes Zettelkasten. Skizzen und Notizen*）寫道：「在這裡（競爭社會），人很早就開始在學校裡被嚴格訓練出功利思想。幻想力頂多被當成腦力激盪的形式，也就是為了用在發展出新的產品或銷售點子這樣的目的，沒有目標的幻想力被當成浪費精力。但是在這樣的桎梏之下，幻想力就此萎縮死去。這使人生病，尤其是孩子們，不管是心理還是生理。」要是我們問問陽光小孩期望學校裡有什麼，他們會對我們說出下列項目：

- 我想要以所有感官來體驗，而不只是僵化的重複學習。
- 我想被當作我自己看待。
- 我想活動自己的身體。
- 我想和其他人一起解答困難的功課。
- 我想運用我的手，但不是只用來寫字。
- 我想要獲得樂趣，而且可以開懷大笑。
- 我想要以我的作為做出有意義的貢獻。
- 我想要老師對自己教導我們的東西感到興奮。

我們不需要教育改革，而是教育革命，這當然沒錯，但是尚未達成之前，身為和孩子們相遇、陪伴孩子們的成年人，和內在陽光小孩接觸時要記得，孩子們需要的是什麼，為他們找出自由空間、提供他們支援，使得陽光小孩成為長期的存在。

為了教育孩子，需要整個村子的投入。

——非洲諺語

例如，我會想到我們小學的管理員，他私下准許孩子們下午的時候到學校運動場踢足球，雖然那是明文禁止的。我想到在下午提供「黏土工作小組」課程的老師，有時黏土團掉到地上，他也會睜一隻眼閉一隻眼。我想到我們的鄰居理查，他提供舊的穀倉給環境及自然保護聯盟的青年團使用，好讓他們在天氣不好的時候也有聚會的場所。我想到我的法文老師，在同仁嚴厲的眼神之下，不顧同事的質疑，帶著六年級的孩子們到運動場上，好邊跑邊學單字。我其實想到我們每個人，也就是所有的成年人，我想對著我們大喊：想想你的陽光小孩！我們仍是孩子的時候需要什麼？那時的我們不能忍受什麼？讓我們感到高興的是什麼？大家還記得嗎？

第二章

從生活中拓展陽光小孩——重新發現好奇心、行動力和生命喜悅

1 放下你的大人矜持，從日常對話做起

「長期以來，妳把我放在哪兒了呢？」這是我的內在陽光小孩向我提出的第一個問題，那時我才剛開始重新關心她。這幾年來，我心中的「小優莉亞」的確不再正式登場。身為職業婦女，我已習慣徹底計畫每日行程，乾淨俐落地解決一件又一件的難題。我理性且效率極佳：寫下待辦事項表、時時更新行事曆、從來不會忘記倒垃圾。我沒時間多做閒事、沒空理會小優莉亞——她最喜歡看著街道，發出夢囈般的讚嘆，一邊觀察微風如何把枯萎、乾羊皮般的葉子吹過眼前。

若你決定重新關懷內在陽光小孩，並試著練習第三章的各項習題，那麼請先做好遭遇阻礙的心理準備，不論內在或外在層面。也許你的內在成年自我會持保留態度，並嚴厲地轟炸你：「一般人才不會做這種事。」、「你這樣超級幼稚。」、「做這些對你有什麼幫助嗎？」、「要是被別人看到怎麼辦？」當你試著把內在陽光小孩找回來，就得同時克服這些內在阻礙。

要是你家有青春期的孩子，極有可能會從他們那兒得到一些外來的、完全稱不上鼓勵的反應：「天啊，媽，妳這樣很丟臉耶！」這也難怪，看見自己的母親扯著陽光小孩的大嗓門，跟著收音機哼唱流行歌曲，或是做父親的蹦蹦跳跳地越過鋪路石的縫隙（只因他在兒時就從中獲得無比樂趣），這對青少年而言無疑是種夢魘。相反的，年紀較小的孩子則會因為你暫時轉換角色而更愛你，他們會興奮地歪著頭看著你：「就是現在嗎？你要跟著我一起跳舞？」臉上滿是期待。

這幾種說話方式絕對NG

別擔心，你內在的陽光小孩會幫助你，即使有來自內外的雙重阻礙，還是能嘗試一、兩個習題，順利克服阻力。別忘了，你的內在陽光小孩有著一雙大眼睛、帶著迷人笑容、教人無法抗拒。他會向成年人喊話，好比說：「嗯，我了解，這樣做也許會讓你覺得尷尬，但是拜託……拜託讓我們試試，只要一次就好。」

當然，唯有先和內在陽光小孩建立良好接觸，才有與之對話的機會。要怎麼接觸呢？首先你必須**正確地與陽光小孩說話**，尤其是在他遭到多方責備時，便可能把自己封閉起來、害羞而有些退縮。一旦你用對適當的語氣，他就會樂於被你「引誘」出來：笑得傻呼呼、充滿想像力、意氣風發且興高采烈。

陽光小孩無法忍受你表現得像個理性的成年人，說著這類的話：「好了，陽光小孩，現在我要把你處理一下，因為我需要你幫我防止職業倦怠。我安排了十五分鐘給你，之後我要繼續做簿記。」這是屬於「催促者」中的**「你動作快點」模式**。這類來自嚴格內在家長自我（見第四十三頁）的「催促者」，正是溝通心理分析家（關於艾瑞克．伯恩和他的論點已在前文提及）一再強調的課題。對陽光小孩而言，這種內在的催促者超級可怕，除了「你動作快點」之外，還包含下列幾種NG模式：

- 「你要強勢」模式：「你不要這麼傻氣、不可以示弱、不要那麼可笑。」
- 「你要完美」模式：「你想畫畫？寫詩？你辦不到的。盡你的本分，做你辦得到的事就好。別忘了你還有很多正經事得做，你全部完成了嗎？」或是：「不要動個不停，不然你燙得筆挺的襯衫會變得皺巴巴。」
- 「你要盡力」模式：「這又沒那麼難，把你的陽光小孩叫出來一下、發揮創意嘛！只要努力你一定辦得到，一定是因為你努力不夠。」
- 「每件事都要做好」模式：「你要是光在這跳來跳去，別人會怎麼想？你瘋啦？馬蒂亞斯昨天才奇怪地看著你，就因為你實在誇張地比手畫腳，還是別這樣吧。」

上述這些內在催促者模式，都不適合用來和內在陽光小孩接觸，反而會把陽光小孩趕得遠遠的，害他們蜷縮在某個角落，短時間內不敢現身。試著像對你喜歡的孩子們那樣，親切地對陽光小孩說話吧！

2 想像一下，你的陽光小孩是什麼模樣？

人們通常都能直接想像自己內在陽光小孩的模樣（例如我的教女莉莉）。我們對陽光小孩的直覺想像經常包含許多類似自傳的部分，也可能和實際生活經驗有些出入。以下我列出幾個問題清單，讓你和內在陽光小孩第一次接觸，你所要做的只是跟隨你的直覺、混合真實與虛構的想像力。讓答案如實呈現——不要批評、無需評估現實，也不必評論。

請想像你的陽光小孩：

- 他看起來是什麼樣子？他多高？有著什麼樣的頭髮？他穿著什麼？
- 他幾歲了？
- 他喜歡吃什麼？他最喜歡的餐點是什麼？最愛吃的甜食呢？最喜歡的飲料呢？
- 他喜歡玩什麼？最喜歡的遊戲名稱是什麼？
- 他最喜歡的玩具是什麼？最喜歡的玩偶叫什麼名字？最喜愛的玩具熊呢？
- 誰會對你的陽光小孩好呢？父親？母親？兄弟姊妹？阿姨？祖母？祖父？朋友？鄰居？你還記得他們的名字嗎？
- 你第一次度假去了哪裡？

- 你的陽光小孩喜歡哪個電視節目？最近他又迷上了哪個節目？
- 你童年的英雄是誰？印第安人文納圖？阿爾卑斯山的海蒂？吉姆．克諾夫[50]？強盜的女兒蓉亞[51]？康妮[52]？還是爺爺？
- 陽光小孩雀躍的時候是什麼感覺？全身刺刺癢癢的？還是因為快樂而心跳不已？身上哪裡感覺最明顯？

你可以研究一下貼滿兒時照片的相簿，如果家裡沒有替你保存相片，或許可以（上網）看看兒童圖片；你也可以找你的雙親／祖父母等這些對你影響深遠的人聊聊，同時重讀一些與陽光小孩有關的故事書。試著問問你的雙親／祖父母，當你還是個孩子的時候——

- 我還是個孩子的時候喜歡做什麼？永遠都不會厭煩的是什麼？我最喜歡探索什麼？
- 我擅長什麼？有什麼是我做得很好的？
- 我喜歡什麼？我喜歡誰？
- 我什麼時候感到開心？
- 我最喜歡吃什麼？

如果長輩們能記得的已經不多，也請不要生他們的氣。畢竟無須立刻需要的東西往往最容易遺忘（可惜對自己孩子的記憶也是其中之一）。請專注於他們能清楚告訴你的每件小事，並為此感到高興。

就像日晷，
只計算開朗的時光。
——古老諺語

尋找童年相片時請注意，重點在於尋找氣氛正面的照片。那種因為瑪塔姨媽聞起來有古龍水的味道，你覺得那難以忍受，又不得不讓她親一下的照片絕對不適合。你得試著找出一些能將你和真正快樂的記憶連結起來的相片，好比孩子們生日那天玩敲鍋子遊戲（蒙上眼試著敲到鍋子），或是你和哥哥比賽邋鞦韆時的模樣。你可以再問自己：

50 譯註：Jim Knopf，米夏埃爾．恩德斯所著的童書當中的主角。
51 譯註：Ronja Räubertochter，著名瑞典童書作家阿思緹．林格倫（Astrid Lindgren，一九〇七～二〇〇二年）的作品。
52 譯註：Conni，當代德國童書作家蓮安．施耐德（Liane Schneider）的系列作品《康妮》（*Conni und der Osterhase*）中的女主角。

- 什麼事讓我快樂？
- 誰讓我快樂？
- 什麼樣的環境讓我覺得舒服？
- 拍下我看起來那麼快樂照片的那天，究竟發生了什麼事？

3 重拾過往最燦爛的記憶

尋找並發現你的內在陽光小孩，等於走進入了一趟記憶之旅，同時也是種建構、摸索及濃縮的過程。這次你找尋的不是災難，也非傷害或委屈，而是你記憶中最燦爛的時刻、最愉快的一面。深入探索陽光小孩，意味著重啟一場以資源為導向的生平紀錄，而且在任何年紀都可以進行。

阿思緹·林格倫曾和瑞士出版商費莉齊塔絲·珣朋恩（Felizitas Schönborn）對談，當時八十歲的林格倫對她說：「我其實曾在《布勒卜》（*Bullerbü*[53]）度過童年，當時的記憶一直活在我的心裡。現實生活中的布勒卜其實是個名為『內斯』（Näs）的牧師莊園，我父親將它承租了下來。我每想到這個地方，那段時間就回到眼前。我也有一隻小羊，就和布勒卜系列裡的莉莎一樣，我和小羊四處遊蕩，一起爬柵欄。」[54]即使你的記憶力不比林格倫，還是可以試著回想（甚至幻想）、妝點那些快樂的過往，使之變得清晰又鮮明。

53 譯註：《布勒卜》是林格倫的系列童書，共六本，包括三本故事集、三本繪本，內容敘述主角一家在布勒卜（林格倫虛構的地名）的生活。

54 出自費莉齊塔絲·珣朋恩一九九五年的著作《阿思緹·林格倫：孩子們的天堂》（*Astrid Lindgren - das Paradis der Kinder*）。佛萊堡／巴瑟／維也納，黑爾德出版社，頁三十四起。

發揮想像力，重新建構幸福童年

換句話說，你可以盡情發揮想像力，為自己建構快樂的童年時刻，彷彿你還能記得你曾有過的那個超棒的七歲生日一樣。關於這一點，我兒子里歐或許會說：「一切都是我說了算。」也就是你可以自由設定你的腦子、發生的是什麼事、什麼應該發生。我蒐集了許多朋友的「證詞」，並得到了一個結論：只要長時間研究特定資料，總有一天你會把它們當成真的。因此「快樂童年永不嫌遲」絕非虛言，順便一提，這是作家耶里希．凱斯特納（見第二十五頁）說的。

如果你的童年並沒有多少快樂，或曾在幼年遭受暴力，那麼想找出燦爛時刻可能有些困難。不過就連現今的腦部研究都支持「事後改變是可能的」這個論點：「腦部研究也顯示，我們在生命的任何時刻都可以重新構造自我，只要離開任何過往的驅動、感應或是情緒模式，也就是開始以不同於以往的方式來觀看、感覺和行動。」[55]，大家只要放開心胸、走上新的道路即可。

有許多東西是我必然盼望，
曾以孩子的眼光去看、去聽、去體驗的。
那麼我一定會長成完全不同的人。

——克里斯提安．佛列德里希．黑伯爾（Christian Friedrich Hebbel，德國劇作家及詩人）

因此，探索那些「即使如此辛苦，還是覺得很幸福」的時刻，就具有非常療癒的效果。只要你成功察覺曾有過的美好時光，兒時的記憶都可以變得更好。從心理抗壓研究（Resilienzforschung）可以得知，面對沉重經歷時仍保有樂觀、不至於失去希望的能力，最能幫助我們維持心理穩定[56]。

但在試圖找尋童年的正面記憶的同時，我也要請大家注意自己的內在極限。如果你對回憶自己的童年感到恐懼或憂慮，那麼請尊重並接受這樣的感覺，聽從你內在的聲音。也許當下並不是最適當的時刻，你需要搭配其他周邊條件才能處理這段記憶（可能是心理方面的陪伴，也許是其他的時間點），此時可先跳過回憶的部分。

我的朋友艾娃，深信她的一部分（內在陽光小孩），正以一種無法解釋的方式維持著她的健康、幫助她存活下去。她在腦海中重建了她的一生，勇敢面對惡劣的記憶；同時也刻意找出了一些快樂的元素，好比她曾到祖父母位在海邊的家度過夏日假期、她也深深信賴自己的小學老師。艾娃如今是個美術老師，她和孩子間有非常良好的牽繫，重新找回內在陽光小孩，喚起了她的學生還有其他人心中的創造力。

55 出自瑪雅．施托希等人的著作《體現：理解並運用身體與心理的相互作用》，頁九十六。

56 出自尤塔．黑勒（Jutta Heller）二〇一三年的著作《應變能力：內心更強韌的七個關鍵》（*Resilienz - 7 Schlüssel für mehr innere Stärke*），慕尼黑，葛雷夫及溫策出版社（Gräfe und Unzer）。

以好心情召喚正面的兒時記憶

以下我會提供一項指引，教你找出（甚至發明）快樂的記憶，你只需要一丁點兒正面經驗、一個小小的支點，然後就可以堆疊起模糊的快樂記憶，再讓它們變得清楚而鮮明一些。越常這麼做，通往這些正面記憶腦部區位的道路就越穩固。「神經連接模式會被變更，這些模式參與新的建構，同時也改變與此有任何關聯的一切。」[57]

如果這樣的指引還是無法協助你找出正面記憶（連一個微小的支撐點都沒有），這可能和你的情緒有關。如果你情緒愉快，就比較能喚醒快樂的記憶；如果你心情不好，就比較會想到可悲而不舒服的事情，這就是「情緒相關記憶」（mood-dependent memory）效應。人的記憶會以聯想的方式進行，快樂的記憶會以彼此相連、成套的方式儲存。連接的模式就是情緒，因此在你想召喚某個記憶的時候，如果你的情緒是良好的，你發現正面記憶的機率也就比較高。換句話說，在你心情不錯的時候，再試著召喚正面的兒時記憶，會比較容易些。

如何讓混亂的記憶變得清晰？

請找一個安靜的地方，然後讓你還記得的一個正面童年記憶浮現。接著你在心裡說：「我現在允許我自己讓這個美好的回憶形成。」

接著，請讓這個畫面變得越來越清楚、越來越鮮明。你可以察覺到哪些色彩？亮度如何？可以聽到什麼？還是寂靜無聲？有什麼聲音？大自然的聲音？大聲還是輕聲？接近還是遙遠？仔細傾聽，也許你可以讓聽覺印象變得再更清楚一點。

和這個記憶相連的是哪種感覺？身體哪個部位感覺最明顯？腹部？心臟？頭部？你的感受是溫熱？還是舒適的涼爽？是刺刺癢癢的感覺還是空氣的流動？你還可以讓這種感覺更強烈、更清楚一些。就是現在！

有什麼味道是你將之與這個記憶相連結的嗎？清新還是質樸？花香還是木香？即使你不是百分之百確定當時是什麼氣味，仍舊讓氣味浮現。

也許你手邊剛好有種食物，可以搭配這個記憶。那是巧克力？覆盆子？或者烤香腸？甜的？酸的？苦的？還是鹹的？哪種口味比較適合這個美好時刻？你可以自己建立一種口味。

然後深呼吸，再一次意識到所有感官印象。認知記憶中的明亮和顏色，仔細聆聽所有你聽得到的，聞一聞你記憶裡的特殊香味，用舌頭品嚐它的味道。當回憶中的一切全然湧現，轉向你的感覺，享受記憶的舒適感受，讓它在身體裡散播開來……記住，時間無關緊要，**感受永遠都是當下的**。

57 出自瑪雅．施托希等人的著作《體現：理解並運用身體與心理的相互作用》，頁九十二。

然後，你得暫時與這段記憶告別，回到平日的意識狀態。你可以像貓一樣伸展、拉長身體，最後以深呼吸結束。

這個指引是神經語言程序學（Neurolinguistisches Programmieren，簡稱ＮＬＰ）中的共感理念（Synästhesie）給我的啟發。建構共感、讓所有感官層面都參與其中的回憶方式需要技巧，丹妮拉及克勞斯·布里坎（Daniela & Claus Blikhan）等人也曾在著作中提及。[58]

58 出自丹妮拉·布里坎、克勞斯·布里坎等人的著作《思考、感覺、生活。由刻意覺知到創意行為》（*Denken, Fühlen, Leben: Vom bewussten Wahrnehmen zum kreativen Handeln*）二〇〇七年第七版擴充版，慕尼黑，mvg 出版社。

4 如何和你的陽光小孩對話？

另一種和內在陽光小孩接觸的可行方式就是寫信給他，也就是和自己筆談。找個午後或深夜，來一場陽光小孩的閒聊吧。我條列了以下幾個步驟供各位參考：

接觸：你可以這樣展開對話：「親愛的陽光小孩，嗨，你正在做什麼？你有興趣和我說說話（或寫信）嗎？」如果陽光小孩沒有立刻回應，請不要驚訝，尤其是當你對他不聞不問已經很久了，他可能正在生悶氣。

如果你什麼都沒感覺到或沒聽到，請更真誠地面對他。然後你或許可以這麼寫：「哈囉，我得不到回答嗎？我也不太清楚該怎麼適當地和你說話呢。」

你也可以先拋出一些情緒：「我覺得糟透了，我一整天都只能乖乖地善盡義務、努力工作，一點樂趣都沒有。」看看陽光小孩是否願意回應。

傾聽和詢問需求：接著你可以回答：「但我的確有許多非做不可的事。我的企畫案前天就必須完成，我卻拖到今天。你一定覺得我整個人都慢下來了，實在抱歉。但現在我真的想聽你說話。我們一起做些什麼吧？你有什麼點子？」

打個商量：你的陽光小孩也許會這麼回答：「我想去攀岩公園，最好我們立刻開車出發。」這時就取決於你是否真的能立刻接受建議。如果可以，就別再說些反對意見，立刻出發。「沒問題，我只要找齊一些東西，然後我們就去攀岩公園。」或是你必須拜託對方讓你延期：「我們今天沒辦法去攀岩公園，時間已經很晚了，但這個星期六非常適合。你想你能等那麼久嗎？」

協調並且信守：和你的陽光小孩商量，直到你們找出雙方都滿意的妥協方案。身為善良的成年人，這時你必須信守你的承諾，義不容辭！

請求支援：如果彼此的對話氣氛已相當熱絡，你也可以請內在陽光小孩提供支援，請他幫助你找出創意動力。例如：「哈囉，陽光小孩，我想不出來怎麼幫我的報告加點色彩。你想得到什麼嗎？」陽光小孩或許會回答：「簡單。就自己畫一些東西，不要老是用現成的圖片湊數。」

有時我們不論怎麼做都覺得不順心，通常這也和內在陽光小孩鬧彆扭有關。我們可能會問：「我就是沒辦法好好閱讀這種專業書籍。你有什麼點子嗎？」陽光小孩或許會回答：「我光是聽到要讀這種書兩個小時都快抓狂了！但半個小時或許可以吧？」

寫下你與陽光小孩的對話，或是畫幅圖送給他

你可以交替著扮演成年人和內在陽光小孩，並把你們的對話記錄下來。找一本漂亮的本子、打開扉頁，左邊讓你的陽光小孩發言，右邊則以成年人的身分回答。如果你沒那麼多時

間，至少留下幾句話給你的陽光小孩，或給他畫一小幅圖畫；甚至在便利貼上寫個小小的「我喜歡你」都好（附帶一提，孩子們大多樂於接收這些額外的小小關注）。

和內在的孩子進行對話這個點子來自我的老友史黛芬妮．史塔。[59]

59 出自史黛芬妮．史塔二〇〇九年的著作《是也不是：認知並控制親密關係恐懼。對患者及其伴侶的協助》。

第三章

把陽光小孩帶進日常——81個行動提案

在本書的第三章中，你可以找到八十一個可以實際運用的提案，用來活化你的內在陽光小孩。這些實作練習可視為遊戲，如果有些遊戲成分在其中，所有的學習成效都會特別好，這是教育學的基本論點之一。**遊戲就是孩子的工作**。當孩子體驗到自主權之際，他們就會玩得特別盡興。也就是讓他們自己決定玩什麼、玩多久以及玩遊戲的頻率；只要這些遊戲不是太無聊也不太困難，以及讓他們在遊戲當中感覺被接納（也就是有穩定的感情基礎，好比慈愛的雙親），他們就可從中經驗到自己的能耐。

這對成年人意味著什麼？我們也應該自主找出適合自己的「遊戲」，但無須要求過高，即使是成年人也需要感覺安心。被取笑對成年人而言是種羞辱，因此：如果你從下列實用建議當中選擇，並嘗試只做某些適合自己的習題（遊戲），是完全沒問題的。

儘管這些實用建議多為遊戲性質，但「遊戲」這個字眼以許多成年人的經驗來看，並非那麼正面，因此我仍決定將這些建議統稱為「習題」。所謂習題，就是「除非去做，否則沒有好處」的練習。請至少找出那些你覺得有趣、適合你的項目嘗試，而不要只是眼睛掃過，然後想著：「啊，也許這真的會帶來樂趣，之後我再來做一下。」不，請幫你的陽光小孩一個忙：盡可能立刻動起來，至少從習題末附帶的迷你方案做起，因為「之後」經常代表著「永不」。

今日事，今日畢。

——古老格言

你也許有興趣在某些段落寫下你的經驗，或是另找適合陽光小孩的繽紛小冊子（將之命名為「陽光日記」）註記。我的內在陽光小孩很喜歡彩色筆和一支筆觸柔軟、寫起來很順手的筆；我有一支藝術書法鋼筆，能順暢地在紙上滑動，握在手上非常舒適，我的陽光小孩也很滿意這支筆。

從小處開始改變，養成新的習慣

大部分的習題都不需要花錢就能進行，你無須購買或取得任何東西。少數幾題需要一些材料，如果家裡剛好沒這些東西，就得想辦法取得。

為了讓每個習題帶給你實際體驗，你必須慎選適合的項目，並將之整合到日常生活裡。幾乎每個習題都附有「迷你版」的簡易方案，也就是說：你不必做完整個習題，只要嘗試其中一小部分，便能大概知道該項目是否適合。如果你的身體受限，迷你版本通常也比較容易實現。許多事情我們不做是因為規模太大、付出太多，但小變化是可行的，較容易產生新的行為方式[60]。

假設某個習題你想多做幾次，藉此養成某種陽光小孩習慣，也就是持續變得快樂一些，你可

60 出自奇普・希思（Chip Heath）、丹・希思（Dan Heath）二〇一〇年的著作《改變，好容易》，正體中文版於二〇一〇年由大塊出版。

以遵照行為研究家，同時也是史丹佛大學教授佛格的（B. J. Fogg）建議[61]。他「發明」了迷你習慣概念，經常在自己和其他人身上試驗。根據他的看法，新的習慣，行為改變以三個附加條件成立：動力、能力、促發源。能力會以新的行為方式困難度標示，例如哼唱當紅歌曲的副歌段落，會比唱出完整的外語新曲簡單得多；為了處理非常困難的事，人們需要非常多動力，沒那麼困難的事也就不需要那麼多力氣。因此，想要養成新的習慣，應該從小處開始。

好比說，如果你盼望在生活裡多笑，輕輕地發出「哈哈哈」的笑聲會是個好的開始。至於該在什麼時候「哈哈哈」？最好是在你非做不可的行為之後，好比刷牙，或是晚上關燈後。如此一來，你可以在關燈後或是上床睡覺前發自內心地笑。或許你會因此睡得比較好，誰知道呢？許多人就是這樣擴展自己的小小新習慣。

並非所有的習題都是我自己想出來的，有的是借用他人的建議和點子，為此我會加上靈感來源，但也不是像學術書籍那樣鉅細靡遺，而是為了表示敬意。

・陽—光—普—照

小孩子喜歡玩語言文字，如果你有機會觀察幼稚園小朋友一段時間，一定會看到小孩子如何一再重複某個特定的字眼（不論輕聲或大聲地說），讓字詞在嘴巴裡翻滾，探索其聲音和意義。通常是以自己的母語練習，有時則是其他語言。我還很清楚記得我的哥哥是如何度過他那段「謝謝夫人」時期的。不論我的母親說了什麼，他一律回答「謝謝夫人」。這段時期持續相當久，直到我們都被惹毛為止。然後有一天，他的這個習慣就這麼消失了，真奇妙。

上述的「試驗語詞」來自人們學說話的時期，當我們還是孩子的時候，會自發性地研究說話動作的任何可能性。語詞原本「只是」符號，被用在說話的時候，則搭上了腔調、有其意義（象徵），透露出有關我們自己某些事（徵兆），而且對聽者產生一些作用（呼籲）。如果我們特別喜歡某些字眼，通常是因為它的聲調特別美、喜愛它的意義，或是喜歡這個字眼對他人造成的作用。

著名的瑞典童書作家阿思緹．林格倫（見第八十五頁），當她將書中角色皮皮命名為「皮皮洛塔．維克圖阿莉雅．羅佳爾迪娜．薄荷．依法蘭的女兒長襪子」（**Pippilotta Viktualia Rollgardina Pfefferminz Efraimstocher Langstrumpf**），她必然明白了文字、字音和字義的魔法，小孩子一聽就黏上去了。我五歲的小姪女一再問我：「妳知道皮皮的真名嗎？」我當然要說：「不知道，我忘記了。」然後她就會興奮地把皮皮的六個名字一股腦兒唸出來。

---

61 出自佛格二〇一二年於TED上的演說「拋開大改變，開始小習慣」（Forget big change, start with a tiny habit），佛雷蒙特（Fremont）。

「哇，她真的有這麼長的名字啊？」我故作驚訝。

「對～啊～，皮皮洛塔·維克圖阿莉雅……」小姪女又開始覆述了。

和內在陽光小孩一起動一動

習題

和你的陽光小孩一起尋找你喜歡的語詞。也許是「陽光普照」、「大西洋」、「茉莉」、「幸福」。把這些語詞像唸咒一樣重複，可以在腦子裡輕聲地唸，或是大聲唸出來。你也可以帶著這些語詞去散步，把每個音節和步伐結合，每踏出一步就唸出一個音節：「陽—光—普—照」、「左—右—左—右」。

迷你版

選定你目前最喜歡的語詞，或是創造新的、你最喜歡的字眼用來罵人。例如蔬菜名加上形容詞，像是「黏糊糊的蠔菇」，或是和其他名詞相連，例如「黃瓜鼻」和「番茄矮人」。

靈感來源：阿思緹·林格倫

・踢開煩惱

把煩惱一腳踢開的想像，來自我的兒子里歐，他是個熱衷的足球員。那天早上他在學校裡生一個同學的氣，他用決絕的聲音告訴我：「我現在一定要趕快出門，踢個幾球。」

「為什麼？」我詫異地問。

「我想把愚蠢的念頭踢走，我要把它們綁在球上，然後踢得遠遠的！」里歐發展出來的這種技巧，在神經語言程序學當中以「轉換技巧」（Switch-Technik）廣為人知。改變記憶的意義特質，也就改變了負面經驗或記憶的效果。例如，把灰色的圖畫加上繽紛的色彩，就失去它原本的威脅性。此外，科學家理查・班德勒（Richard Bandler）和威爾・麥克・唐諾（Will Mac Donald）還發現，當人們改變這種次形態（和某個記憶相連的意義特質，如明暗、大小聲、遠近等）的速度越快，效果就越好[62]。因此，如果我們踢走負面經驗，讓足球快速地遠離我們，就等於擴大了和這些壞東西的距離；更棒的是，壞東西還會越變越小，甚至消失在鄰居的花園裡。里歐和我於是把這次經驗變成一個小小的儀式，只要里歐一生氣，我就建議他：「出去踢幾球。」

62出自理查・班德勒、威爾・麥克・唐諾於一九九〇年出版的著作《微小差距：神經語言程序學子模式練習本》（*Der feine Unterschied: NLP-Übungsbuch zu den Submodalitäten*），帕德朋，永弗曼出版社。

和內在陽光小孩一起動一動

習題

想像讓你生氣或是帶來煩惱的事情就在那顆球上，然後助跑幾步、盡你所能把球踢得遠遠的。還有個替代方法，把煩惱投射在羽毛球上，被你打得老高，或是把所有的壞事握緊在石頭上，然後盡可能把它丟得遠遠的，讓它噗通一聲掉進水裡。

迷你版

閉上眼睛想像上述情境，讓煩擾快速升空飄走。

靈感來源：里歐．托慕夏、理查．班德勒及威爾．麥克．唐諾。

．魔鏡啊魔鏡

你喜歡看著鏡子裡的自己嗎？也許你的答案是：「不。」大部分成年人不喜歡看鏡子，因為他們會暴露太多：肚子太肥、頭髮太稀疏、鼻子太歪。

小小孩起初根本無法從鏡子辨識自己，直到大約十八個月大，他們才會和鏡子裡的自己玩樂。這樣的舉動就像鸚鵡一樣，興奮地盯著自己的鏡像，以為找到了玩伴。為了確認孩子是否已經具備自我的概念，你可以在他的鼻子上畫一個紅點。如果孩子看到鏡子裡的自己，便會試著摸自己的鼻子或撥開紅點，這代表他認得鏡子裡的自己。

原則上，至少要等孩子兩歲多時才辦得到上述行為，但在認知鏡中的自己之後，他們在鏡子前的舉動依舊自然。他們會變裝，覺得自己變成冒險的海盜和高貴的公主實在奇妙。這個時候還沒有「太肥」或「太矮」這類問題。我為我六歲小姪女塗上粉紅色的口紅之後，她說：「把我舉高點，我要照鏡子。」然後她對自己品頭論足：「看起來很棒。」之後非常滿意地走向她的母親，好讓媽媽看看她粉紅色的、嘟起來的嘴唇。

接受自己身體原來的面貌，而不是渾身挑剔，這是建立自我價值感的重要先決條件，也是許多療癒過程的基礎。陽光小孩可以從旁支援你。

和內在陽光小孩一起動一動

習題

站在鏡子前面，對自己感到驚奇不已。找出一切你喜歡自己的點，大聲地（或是默默在心中）說出來。你可以說：「我覺得我自己好漂亮，我有個有趣的鼻子、美妙的頭髮、有感染力的微笑。我喜歡我自己。」

迷你版

找到所有你喜歡自己的特點。

靈感來源：身體療法練習之一。

・搖屁股

狗兒以搖尾巴和吠叫誘使人們陪牠玩樂，這正是生命喜悅的典範。我的朋友比娜有隻充滿靈性的黃金獵犬蕾雅，牠每次都會為了迎接我而跑到門口，然後咬著牠的藍色遊戲毛巾，全身上下都因為無比期待而搖晃著，此時我會接過毛巾，然後和牠玩搶奪的小遊戲。

小孩子也喜歡來回搖動屁股，這對成年人而言也是最重要的放鬆運動，從身體中心向上至頭部、擴展至雙臂；向下直達雙腳，整個身體都會跟著一起搖擺，我們也會因此感到開心，若和其他人一起體驗更是美好。我最美好的童年記憶之一，就是狂歡節（編按：即嘉年華）時，大家一起在穀倉擴建成的小餐館跳鴨子舞。餐館位在小村落波克若特（Bockeroth），在很小規模的狂歡節遊行之後，大家回到這個小餐館——變裝的小孩、村子裡最年長的、小樂隊、村長、我的雙親、以及外地來的訪客，所有的人都來了。音樂演奏到「噠噠噠噠——噠」時，每個人都像鴨子一樣搖著屁股，只有我身為知識分子的雙親比較收斂——這麼熱烈的萊茵河歡樂天性讓他們招架不住。

和內在陽光小孩一起動一動

習題

舒服地站著，以臀部搖擺：一會兒快，一會兒慢，直到全身動起來為止。你也可簡單小搖一下，例如在走向停車場的路上偷偷地搖，沒有人會注意到，還能讓心情振奮起來。如果你身邊的人（你的孩子或伴侶）剛好有幽默感，彼此也可以相對著搖擺，保證笑聲不斷。

迷你版

起床之後稍微搖一下屁股，開啟一天的活力。

靈感來源：全世界所有懂得搖屁股的人。

・隨興塗鴉

我還是個孩子，甚至已經是青少年的時候，一有機會就畫圖，尤其是在學校裡無聊的時候。我會把所有的本子都畫上插圖。當時社會上還掀起一股塗鴉風潮，有一段時間大家熱衷的是「聖誕老人的房子」：要一筆到底地畫出一間小房子，旁邊還要畫上聖誕老人（也許你還記得？）。之後流行的是「皮爾雞」，有著類似雞的頭、兩顆大眼睛和一張巨大的嘴巴，聽起來耳熟嗎？

直到今天我還是喜歡塗鴉——從人臉、怪異的花朵、茂盛的樹木、有著棋盤花樣的螺旋等。英文稱這種信手塗鴉為doodling；在無聊的演說上的塗鴉叫botadra（boring-talk-drawings，無聊演說塗鴉的縮寫）。塗鴉有什麼好處？**塗鴉可以安撫神經、宣洩過剩的精力。如果你持續練習，也能提升你的創意。**

市面上有許多指導成年創作者和訓練師的書籍，教人如何讓學員以圖畫了解事物，一張圖片更勝千言萬語，視覺效果讓人更容易聯想。美國一名繪畫擁戴者丹・羅姆（Dan Roam），擅長把複雜的東西盡可能地以簡單的線條畫在餐巾紙上解釋[63]——這個高難度的挑戰留給他就行了，我們可以從簡單的塗鴉開始。

和內在陽光小孩一起動一動

習題

在你習慣打電話的地方隨處放上紙筆，然後盡你所能地塗塗抹抹。講完電話後你可能自問，這些塗鴉是否能傳達剛剛對話時的訊息？你對通話對象有何感覺？你對這次的談話主題有什麼看法？然而，你的陽光小孩有可能覺得這整個分析實在無聊。他寧可把你的塗鴉拿來做成拼貼畫，說不定那會是件貨真價實的藝術品。

迷你版

回到本節一開始提起的塗鴉風潮，請試著一筆畫出「聖誕老人的房子」。你知道勝出的關鍵是什麼嗎？你還得在旁邊另外畫上聖誕老人。

靈感來源：我年少時的塗鴉風潮。

---

63 出自丹・羅姆二〇〇八年的著作《餐巾紙的背後：一枝筆＋一張紙就可以解決問題＋說服老闆＆客戶》，正體中文（新版）於二〇一四年由遠流出版。

・哈哈大笑

孩子比成年人更常笑，平均每天四百次，成年人則只有十五次左右[64]。內在陽光小孩都很愛笑，但可惜隨著長大成人，我們臉上的笑容越來越少，就像老先生掉頭髮一樣。我們都罹患了「笑容遺失症」。你有多久沒想笑了？我是說笑得全身亂顫、直不起腰的程度喔！

當我還是孩子的時候，每次尿褲子就忍不住大笑，儘管覺得不太好意思，但隨時帶著滿滿笑意的感覺仍相當美妙。

人渴望笑，
有如笑是基礎氨基酸一樣。

——派奇・亞當斯（見第七十三頁）

笑是健康的，透過笑，人體較少分泌壓力賀爾蒙，並相對分泌較多的腦內啡，這是一種神經傳導物質，可以讓你快樂、甚至降低疼痛感。笑能強化免疫系統，因此經常笑的人比較能抵抗感染性疾病、血液供應較為良好、呼吸也比一般人來得深沉。此外，我們也可以把大笑視為身體的全面鍛鍊。笑過之後，肌肉比較放鬆，這種效果可以在發笑後維持四十五分鐘之久。

身為醫師的派奇・亞當斯也強調笑的療效：「幽默是對抗所有疾病的藥方。」笑就像打哈欠一樣會傳染，**一群人一起笑，比較容易升起信賴感、降低攻擊性**。我兒子里歐還在讀幼稚園的時候，我們曾一起試驗笑是否能提振情緒。當時我隨便指著一個東西：「看，有個黃色的信箱」然後我們就笑歪了，起初是刻意的、造作的笑，直到最後轉變成真正的大笑。

我們把這個實驗稱為「大笑箱子」。此後我們變得非常愛笑，笑到連肚子都痛起來了。大笑能排解壞情緒、增強好心情。里歐很喜歡這個遊戲：「媽媽，我們再來一回大笑箱子吧？」

我喜歡笑，
笑得大聲，又長又爽朗。
我喜歡笑，
隨著年歲越來越喜歡。

---

64 出自克里斯多夫・艾默曼（Christoph Emmelmann）的著作《笑之瑜珈》（*Lachyoga*）二〇一〇年第二版，慕尼黑，葛雷夫及溫策出版社。

我笑得越多，
快樂就充滿我。
快樂的感覺越多，
我就越開心。

——派奇・亞當斯

最近我在市中心看到一個大笑小組。一群成年的（竟然！）男男女女齊聲大笑，還邀請路人參加。我問他們在做什麼，答案是「大笑瑜珈」。大笑瑜珈的原始想法來自諾曼・卡曾斯（Norman Cousins），他以幽默自癒了身上的癌症。在醫師診斷他罹癌之後，他決定讓自己笑，結果大笑真的治好了他。他準備了好笑的電影、漫畫，每天讀笑話，笑了又笑，結果癌細胞就消失了。

這種刻意的笑後來被來自孟買的醫師兼瑜珈師馬丹・卡塔利亞（Madan Kataria）發展成大笑瑜珈。大笑瑜珈的根本想法是「毫無緣由的笑」，沒有事先發生什麼好笑的事也得大笑，藉此引發笑對健康的種種益處。卡塔利亞的大笑瑜珈智慧是：「我們不是因為快樂而笑——而是因為笑所以快樂！」

和內在陽光小孩一起動一動

就像大笑瑜珈一樣，你不必等到有什麼機會才能笑，而是直接了當地開始發笑。最初感覺有點奇怪，但是你的內在陽光小孩一定會很高興。你可以先從大聲說出「嘻嘻嘻、哈哈哈、呵呵呵」開始，或是像《芝麻街》裡的恩尼（Ernie）一樣「咯咯笑」開始，你的陽光小孩會和你同步，不知不覺就有自然衝動使你真的大笑……最甚至停不下來。

迷你版

大聲說出：「哈哈哈。」這樣就行了。

靈感來源：馬丹．卡塔利亞的大笑瑜珈。

．別給惡龍陣營力量

是的，生活中就是有這樣的人：令人厭惡的老師、兇惡的管理員、鬥嘴的幼教老師，還有老愛抱怨的母親們。我大兒子卡羅就讀的小學裡，有三個比較年長的手工藝教師，她們被其他人（甚至包括其他教師）稱為「惡龍陣營」，因為這三位教師總能成功地破壞每個孩子對手工藝和製造東西的興致。

學生們的任何筆觸都不夠好、所有的鋸工都無法逃過她們挑剔的眼睛，在課堂上偶爾嘻笑和聊天更是絕對禁止。只要提到「工藝、編織、繪畫」這類課程名稱，孩子們就會痛苦到臉部扭曲，更可悲的是，人們成年以後往往會特別記得這樣的惡龍；至於那些偶爾假裝沒看到我們搗蛋的親切老師、每天早上帶著微笑說出：「你來啦，真好！」的友善幼教老師，卻早已記憶模糊。

關鍵原因在於，帶著強烈情感的事物，好比恐懼或羞辱，比較會被留在記憶裡，只有中等強度的體驗則很難在腦子裡占有一席之地。那些持續（甚至每天的）友善因此不被記得那麼清楚，要透過篩選或挖掘記憶才找得著。但正面的聲音一定還是存在的。只要努力尋找，就能創造出對抗童年惡龍和鬼魅的力量。就從今天起就將這些缺憾褪色、凸顯出美好的部分，替回憶創造友善的聲音軌跡。

生命中大部分的陰影之所以能被挑起，
是因為我們站在陽光下。

——拉爾夫・沃爾多・愛默生（Ralph Waldo Emerson）

和內在陽光小孩一起動一動

習題

給自己一點時間、閉上眼睛，找出童年時支持你的聲音。可以依照年紀進行：

- 首先觀察零～三歲。在你身邊的是誰？誰幫助過你？你接受過哪些幫助？雙親？祖父母？鄰居？阿姨？記憶裡有哪些有益的句子？
- 然後繼續往四～六歲前進。在你身邊的是誰？誰幫助過你？你接受過哪些幫助？記憶裡有哪些有益的句子？在幼稚園裡？在遊玩的時候？
- 你的回憶之旅也得追溯到小學時期。你想到誰？誰曾幫助過你？你接受過哪些幫助？記憶裡有哪些有益的句子？親切的老師？其他孩子的母親？足球教練？

迷你版

在心中說出一句可提供你支援的句子，好比：「今天將會是美好的一天。我已經迫不及待想知道我會如何體驗這一天了。」

靈感來源：擅長以鼓勵句子寫作的作家路易絲・海（Luise Hay）[65]。

65 出自路易絲・海二〇〇三年的著作《你辦得到》（*Du kannst es*），慕尼黑，整合出版社。

・找回模仿本能

「雷娜，妳把優莉亞的鞋弄壞了。馬上停下來！」發生了什麼事？當時我一位懷孕的朋友孟妮帶著五歲的女兒來訪。雷娜從我的鞋櫃裡拿出一雙黑色漆皮高跟鞋，從玄關「喀啦喀啦」地踩著鞋走到廚房找我們。面對母親的指責，雷娜好整以暇地回答：「我是個高貴的淑女。」然後非常優雅地回頭，越過肩膀對著我們微笑。眾人頓時哄堂大笑，我於是讓她自由試穿我的鞋子。

孩子們總是不斷做這些事：**帶著無比好奇的心「溜進別人的皮囊」（即模仿他們看到的外在表現），只為了體驗那是什麼感覺**。好比我朋友的四歲兒子尼克，他曾在行人徒步區模仿一位瘸腿的老先生。那個老人沉重地拖著一條腿走著，尼克穿著吊帶褲和厚厚的小靴子，隔著一段距離跟在老先生後面，同樣拖著腿，而且有些彎腰駝背。即使尼克純粹只是好玩，依然讓我的朋友覺得不好意思。模仿能力是重要的學習原則，若沒有經歷模仿學習階段，人們便無法習得複雜的技巧（如騎腳踏車）。然而我們到某個時期就會戒除公開的模仿，因為那往往會引來譏嘲。

神經語言程序學將模仿視為「成功的重要技巧」，並認為這是件好事，可藉此學習他人的成功模式，例如職業模仿演員兼作家瑪莉安・塞格布雷特（Marianne Sägebrecht）的快樂，或是德國環保運動人士菲利斯・芬克拜納（Felix Finkbeiner）的熱情（他九歲的時候提出倡議「為地球種樹計畫」〔Plant for the Planet〕），當然我們也可以模仿日常周遭的一般人。

除非你曾設身處地，
否則不能批判他人。

——印第安諺語

和內在陽光小孩一起動一動

習題

考慮一下你想模仿哪個人。在熟人圈子裡，誰具有你喜歡的能力或特質，而且是你樂於擁有的？假設你的鄰居很會照顧植物，而你在園藝方面的能力卻不怎麼樣，那麼你可以把她當模範。首先問問對方是否願意接受你的詢問和觀察，將焦點集中在「如何」問題上：被模仿的人是如何進行的？她如何達到今日的成果？其中的技巧如何？思考過程如何？個別步驟如何？被模仿的人對園藝的感覺如何？身體姿勢如何？在蒐集資料的過程中，雙方可能得到許多啟發並感覺愉快，那些已學會什麼東西的人往往樂於談論，並在談論過程中再次獲得新的知識。當你蒐集到足夠的資料，便可以試著模仿對方的行為、思考和感覺方式。

要是你想模仿某位名人，請盡可能蒐集對方的資料——如 YouTube 上的訪問影片、傳記、雜誌報導等。試著找出可讓你成功模仿的心態、行為、身體姿勢、表情和手勢。盡量做到唯妙唯肖，並根據你個人的情況不斷微調、修改，使一切就像手工訂製服一樣適合你。

迷你版

直接從網頁上向某位 YouTuber 學習打毛線帽或是類似的技能。

靈感來源：美國成功的神經語言程序學教練安東尼・羅賓斯（Anthony Robbins），他曾說模仿是最常用的神經語言程序學技巧[66]。

・送禮物給你喜歡的人

我的朋友卡洛琳是個了不起的送禮人。是什麼把她的饋贈變得這麼特別？原因在於她非常專注，總是仔細傾聽和觀察受贈者需要什麼。我經常拖著大包小包的行李遠行，她就送我一個很棒的背包，可有效減輕我背部的負擔。還有一次，她來拜訪我們，當時我兩個兒子正好要到朋友家過夜，她就為每個孩子準備了小小的甜食包，就像在魯爾區（Ruhrgebiet）可以從售貨亭買到的那種，裡面裝滿了甜酸、翠綠的蘋果圈、甘草蝸牛糖，還有義大利麵似的長草莓條，以及香草球。卡洛琳還在每個袋子綁上一張五歐元的紙鈔。孩子們都興奮不已、開心得不得了。

生於一九三九年的女性主義者珍娜維・范恩（Genevieve Vaughan）將她龐大的德州油田資產，逐步捐助全世界的女性企畫案。她徹底研究饋贈的學問，然後提出作為「交換」[67]的對比概念。她質疑：人真的需要像交換經濟那樣，為一切提出對等物品（也就是金錢或者貨物），還是其他人接受而沒有直接回饋給我什麼，才是真正的財富？實際上，每個人都有機會成為贈與者。范恩的出發點是，饋贈其實是非常自然的，少了饋贈，人根本無法存活。

范恩說：「每個人從一開始生活就是無私贈禮的接受者，來自我們的母親或照顧者，因為嬰兒生來就有依賴的天性，而且沒有能力與他人交換。」饋贈行為皆具有創造性，並且需要雙方面的互動，即饋贈者及接受者。饋贈除了可訓練創意外，還有另一個優點：會讓人體驗到滿足及豐富的感覺。因此美國作家潘·葛蘿特（Pam Grout）在著作《9個實驗，印證祕密的力量》（方智出版）中建議，人們應該把獲得的所有金錢一口氣散布出去。她和女兒一起實踐這項理念，她們把五美元的紙鈔隨便隨意放在可見之處——公園椅子上、公車亭或是更衣室裡。這些紙鈔上都貼了一張友善的便利貼，讓發現的人知道自己可以收下這些錢，並為此感到開心。

---

66 出自安東尼·羅賓斯二〇〇四年的著作《無限能量——力量原則：如何將個人弱點轉變成正面能量》（*Grenzenlose Energie - Das Powerprinzip: Wie Sie Ihre persönlichen Schwächen in positive Energie verwandeln*），柏林，阿勒葛利亞出版社（Allegria）。

67 譯註：「交換」是常被用來詮釋社會行為的概念，受到社會學、經濟學等學術領域的重視。

和內在陽光小孩一起動一動

習題

送禮物給某個孩子。關鍵在於找出對這個孩子很有用的東西，而且不能事先詢問他。（但可以問問他的雙親或兄弟姊妹，如果能自行找出孩子喜歡什麼更好。）買好禮物後，記得包裝得漂漂亮亮，讓他一看就喜歡；送禮的時間也得注意，也就是不要在孩子正沉迷於電動遊戲的時候，接著開心接受對方的反應和驚喜。

迷你版

提供現金給可能需要五歐元／十歐元／一百歐元的人，請衡量自身財力和對方需求。

靈感來源：珍娜維．范恩。

．重讀小時候的童書

「有天晚上，馬克斯披著他的狼皮，滿腦子只想惡作劇，媽媽責罵他『野孩子！』馬克斯於是說：『我要把你吃掉』，結果他只能挨餓上床睡覺。」

大家還記得莫里斯．桑達克（Maurice Sendak）的《野獸國》（*Wo die wilden Kerle wohnen*）裡

的這幾行文字嗎？記不得了？這本童書陪伴我度過童年。當時我的哥哥一直要人讀給他聽，直到我們對這本書倒背如流。後來我也為我的孩子讀這個故事，直到現在，這些文字已烙印在我的記憶裡，再也不會忘記。

當我還是個小女孩的時候，最喜歡的童書是《拜訪托比叔叔》（*Zu Besuch bei Onkel Tobi*）。我長大之後又找回這本書重讀，使我直接和內在陽光小孩建立起聯繫。這些押韻的文字奇異地讓我感到熟悉。「春天、夏天、秋天和冬天——不論什麼季節，叔叔那裡總在慶祝什麼。」突然間，我又被吸進發亮的畫面裡、知覺突然改變：圖畫變大了，就像被一隻看不見的手拉近、迅速膨脹，顏色包圍著我，同時我注意到一些細節，好比樹上的貓帶著淺淺的微笑，還留著相當長的鬍子。那是一種新鮮、全面的感知，即使並不熟悉，卻非常令人平靜，有如進入冥想一般。過去當我還是個孩子的時候，也有這種感覺嗎？

透過重讀兒時最喜歡的童書，可以建立起和內在陽光小孩的正面聯繫。圖畫能替視覺記憶帶來刺激，藉此打造接觸陽光小孩的最佳途徑。這本書同時也會告訴你，你還是孩子時最專注的主題。書裡到底對你說了些什麼，以致於你想一聽再聽？你從這本書獲得什麼樣的生命智慧？直到今日依然受用？或者把它拋到腦後的時候終於到了？

和內在陽光小孩一起動一動

習題

找出一本你從前最喜歡的童書（或繪本），坐下來靜靜閱讀，並注意自己產生什麼樣的感覺。還有個替代方案，你可以到附近的圖書館，在童書區尋找，有的童書敘述有趣的故事，有的則是充滿了美妙的圖畫，這是一種愉快的消磨時間方式。

迷你版

回想一下你童年的英雄是誰？是彩繪童話書裡的人物嗎？火蠑螈盧爾奇（Lurchi）[68]？《小偵探愛彌兒》裡的愛彌兒？康妮？吃不飽的毛毛蟲[69]？《丁丁歷險記》[70]裡的提姆和米魯？你為什麼喜歡他們？吸引你的地方是什麼？

靈感來源：繪本及童書。

．變裝找新意

今天是高貴的王子，明天是凶猛的老虎，後天是英雄氣概的超人——孩子們最愛的就是變裝了。變裝的時候，他們接受另一種身分認同，使得內在的部分個性得以表達。例如：扮成獅子可以變得狂野、當個公主能裝腔作勢、成為勇敢的騎士可以征服整個國家。

也有些成年人喜歡變裝。女演員西西・珮靈兒（Sissy Perlinger）有一次接受電視訪問的時候，介紹她的整個衣櫃，牛仔裝旁邊掛著蛇女裝和慢跑服。當時她表示，自己每天都要做出抉擇，穿搭才會符合心情。許多人樂於偶爾溜進別人的皮囊裡，嘗試另一種身分，從科隆的狂歡節就看得出來。遊行當中有許多非常醒目的服裝，參加者有時一整年都在製作這套華

68 譯註：原本是德國鞋商薩拉曼德（Salamander，即蠑螈之意）於一九三七年創造出來的廣告人物，後來以盧爾奇為主角創作出一系列繪本。

69 譯註：美國繪本作家艾瑞・卡爾（Eric Carle）的繪本《好餓的毛毛蟲》中的主角，正體中文版於一九九七年由上誼文化出版。

70 譯註：原文書名為 *Les Aventures de Tintin et Milou*，比利時漫畫家喬治・勒米（Georges Prosper Remi）以艾爾吉（Hergé）為筆名所創作的二十四部系列漫畫作品。

服。在真正的生活裡，正常的成年人大部分的穿著都像制服：男士穿著深藍色套裝和領帶，女士則穿著灰色或黑色套裝。每天清早穿上這些衣服，很快就把陽光小孩的樂趣消磨殆盡，難怪大家不喜歡上班。

和內在陽光小孩一起動一動

習題

走向衣櫥，檢視你的衣服，其中是否有一、兩件是你的陽光小孩喜歡的？如果沒有，就帶著你的陽光小孩到市中心一起血拚。好比買一條陽光小孩喜歡的彩色圍巾、一只設計大膽的胸針或頑皮的鞋子。然後你可以用這些戰利品好好妝點自己，呼應陽光小孩的渴求。我承認：女性在這方面比男性來得容易。你可以讓自己驚喜一下，看看你獲得多少肯定。你的陽光小孩一定會覺得這些新配件深得其心。

迷你版

把一朵花插進頭髮裡，或是偶爾改用平時不常用的眼影或唇膏（這是給女生的建議）；戴上彩色的領帶，或是穿著花色特殊的襯衫去上班（這是給男生的建議）。此外，不論男、女，在工作的時候也（幾乎）可以偷偷地因為鞋子裡穿著豔麗的五趾襪而沾沾自喜，市面上已有眾多款式可供選擇。

靈感來源：西西・珮靈兒和科隆的狂歡節。

・電鰻搖擺舞

這個點子的出處，是我兒子卡羅的朋友菲利斯，在幼稚園結業式的盛大登場。當時孩子們表演的音樂劇，改編自作家李歐・李奧尼（Leo Lionni）的繪本《小黑魚》（*Swimmy*）。故事敘述一隻小黑魚快樂地在一群紅色的魚之間生活。首先魚群又跳又唱，接著飾演小電鰻的五歲菲利斯走上舞臺，演唱《搖擺魚之歌》且狂野地來回擺動身體。他的單人搖擺結束之後，其他的魚孩子也跟著他的動作前後搖擺，最後要求臺下觀眾：「現在大家一起來。」

有隻魚在廣大的海洋裡游動，
他突如其來搖擺得很厲害。
遠近都知名，
名為搖擺魚。

他向後搖，

向前搖，
發狂似的搖擺。
有如新生的小魚，
讓身體突然搖動，
接著休息暫停。[71]

——歌曲《搖擺魚之歌》

所有的出席者都搖了起來——祖母、雙親、兄弟姊妹、幼教老師，甚至連致詞過後就在臺下觀賞的市長也一起搖擺。全場的情緒非常放鬆，小電鰻菲利斯更獲得熱烈掌聲。一旦搖擺起來，真的能擺脫壓力、重新做回自己。「搖擺能刺激新陳代謝，增加可用能量。疲倦或無力的時候，搖擺讓我們重獲活力；感覺僵硬的時候，搖擺能讓肢體放鬆。」[72]

和內在陽光小孩一起動一動

習題

跟著音樂一起動，從腳開始搖，然後讓全身搖擺起來。你也可以非常刻意地讓某個身體部位搖擺，例如張開手臂搖晃；不論和緩或激烈皆可，全看你的心情。

迷你版

單獨搖晃一隻手，記住這時的感覺，同時觀察沒動的那隻手有何感覺。

靈感來源：《搖擺魚之歌》和茱莉・亨德森（Julie Henderson）

・畫圖

「妳畫得好醜，難道不能細緻一點嗎？我頂多只能給三分。」我四年級的美術老師當時大概就是這麼對我說的。我就是畫不出細緻的細線，寧可大筆一揮、畫出粗線條——這在美術老師眼裡根本行不通，這也是為什麼我多年來都不肯再拿起畫筆，幸運的是我的朋友碧娜讓我重拾自信。

71 出自沃夫岡・黑爾靈（Wolfgang Hering）、麥爾霍茲・貝恩（Meyerholz Bernd）、嘉比・朗（Gabi Lang）二〇〇七年的著作《運動與玩鬧之歌》（*Lieder zum Turnen und Toben*），麥爾及麥爾出版社（Meyer & Meyer Verlag）。

72 出自茱莉・亨德森的著作《體現，舒適自在，如何能在任何情況下感覺舒適》（*Embodying, Well-Being oder wie man sich trotz allem wohl fühlen kann*）二〇一四年第五版，畢勒菲爾德，AJZ 出版社，頁三十九。

碧娜的小畫廊裡有幾千種顏料、各種大小的亞麻畫布、刷子、結構黏膏、調色用的小罐子、繪畫罩衫、畫架和蠟筆。她教導我，畫圖的時候最好先整個打底——這時我的陽光小孩已立刻投入。構圖需要創意，你得讓陽光小孩主導一切，還要有些勇氣嘗試；絕對不要讓挑剔和想太多的人發言，覺得有壓力或是要求完美都不適合。比方說，你可以「只」要求自己表達出此刻的心情，用陽光的、流動的、溫暖的黃色，將正面的片刻記錄在畫布上，或是以不協調的棕色描繪出壓力經驗。這種「表達繪畫」的方式很有療癒效果，目前已有醫學方面的應用。你也可以試著畫出你的內在陽光小孩，我的小兒子里歐就曾試過，結果就像他的樣子。

和內在陽光小孩一起動一動

習題

畫畫需要準備材料，但如果到美術用品店，你會發現根本沒有採購上限可言。如果太過放縱內在陽光小孩，轉眼間你就會花掉一小筆可觀的費用。如果你已經長時間沒有畫畫，我建議先從小項目開始，買幾支彩色筆或高品質的蠟筆，以及一疊紙，試著畫出形狀並上色。或是找一家提供「繪畫之夜」等學習課程的藝廊，你就不需要自己準備材料，還能找到一起畫畫的同伴，通常還會有駐店的藝術家替你指點迷津。你也可以從現在就開始構思自己喜歡哪些顏色、想描繪什麼、怎麼上色、如何構圖。覺得躍躍欲試了嗎？快去行動吧！

迷你版

簡單的在紙上畫一朵花。

靈感來源：我的朋友碧娜、喬治亞・歐姬芙（Georgia O' Keeffe）[73]經典的花朵圖畫。

・盪鞦韆

盪鞦韆有種神奇力量，來回的運動活化或安撫我們。母親在安撫孩子時，會非常直覺地把孩子抱在懷裡搖動，也許藉著輕輕搖擺的動作，我們會下意識地想起在母體內的安全感。盪鞦韆的幅度如果大一點，也能發揮活化的效果——「動起來」的訊息會反覆輕撞你的意識。

內在陽光小孩最喜歡搖擺長椅、搖椅、搖馬和吊床。年紀較小的孩子不愛盪鞦韆，因為他們只能被動讓人在背後幫忙推送，太不舒服了。孩子們必須等年齡稍長才能學會自己盪鞦韆，正確

73 譯註：喬治亞・歐姬芙（一八八七～一九八六年），二十世紀藝術大師，常以半抽象半寫實的手法表現花朵。

的重量轉移並不簡單：雙腳向前伸，上身卻要向後倒。

我清楚記得我的兒子卡羅當時練了好幾個小時。之後他抓到訣竅，盪得越來越高，我能聽到他切穿空氣的聲音，最後當然還要瀟灑地從上頭跳下來。起初小心翼翼，之後根本只嫌不夠高。要是他的朋友菲力斯在一旁推著，讓他達到頭暈目眩的高度，他就特別開心。

和內在陽光小孩一起動一動

習題

白天重要的事做得差不多之後，晚上就到遊戲場去盪鞦韆吧。邀約你的伴侶一同前往，兩人一起閉上眼睛、感覺皮膚上的空氣流動。你敢從上面跳下來嗎？試試站著盪鞦韆吧！

迷你版

不能出去盪鞦韆時，可以坐在位子上簡單輕柔地以上身來回搖動。

靈感來源：三歲以上的每個孩子。

‧「啪」與「啊」

吮、吸、舔、咂，都是小小孩最享受也最喜歡的事，由此看來，佛洛伊德把生命最初幾年稱為「口腔期」不無道理。小嬰兒以嘴（也就是口腔）覺知這個世界，一旦他們會拿東西了，就會把任何能抓到的東西放進嘴裡，並透過嘴巴感覺物品的質地：是軟得像枕頭的一角，還是硬得像精裝繪本？像梨子副食品一樣濕軟，還是像餅乾一樣易碎？還有味道：這東西是甜的、酸的、鹹的、苦的還是甘鮮（譯註：甘鮮源自日文的 umami，是甜、酸、鹹及苦之外的第五味。指醇厚的口感）？

嘴巴是通往世界的大門。之後我們就被禁止發出這種充滿享受的舔舐和咂咂聲，只有吃冰淇淋的時候還能稍微懷念一下。其實成年人更應該刻意活動、刺激嘴巴，藉此強化口腔肌肉：當口腔的血液循環增加，就能促進味覺。

口腔和下巴部位也和發聲有關，嬰兒以嘴巴形成第一個語句，而且特別喜歡極度對比的發音如「啪」，於是他們常常「啪啪啪啪」說個不停。聽到的人還以為：「哇！這孩子說的第一個字是爸爸，多麼美妙。」除了咂舌、啪啪作聲外，你也可以多說「啊」。通常成人要等上修辭學課程才會被再次提醒這些要點，修辭訓練師教導我們，演說之前鬆動下顎、替聲帶暖身非常重要，例如大聲打哈欠就是其中一招，這比起要你真的上臺來場演講容易多了。

和內在陽光小孩一起動一動

習題

吃飯時留點充裕的時間，注意食物有不同的質地，例如：滑溜的優格、硬硬的麵包、脆脆的黃瓜和軟乳酪。每咬下一口都試著完整地去感覺；或是把食物在嘴裡推來推去，大聲發出：「yam, yam, yam」的滿足聲。

迷你版

把巧克力含在嘴裡慢慢融化，或是含在口腔裡來回滾動、舔拭。記錄不同的味道刺激：甜的和苦的。大聲呼氣、使嘴唇抖動，發出「噗噗噗……」的聲音，整個嘴巴及下頦部分都會鬆開來。或是大聲說出：「啊～啊～啊～。」發出「啊」聲的時候，嘴巴張得最開。當然你也可以用其他的發音練習：例如「欸」、「咧」、「喔」，或是「嗚」。

靈感來源：慢慢享受巧克力的建議來自一本節食書，可惜我已經找不到確實出處。小時候學說話的相關資料來自語言治療師米夏埃爾及克勞蒂亞．杜索德（Michael & Claudia Dusold）。

．到大自然裡尋寶

我母親有個非常活躍的內在陽光小孩，這對她的教職生涯有很大的幫助，為此，她特別能和學生建立良好的聯繫。我們經常一起玩「看起來像……」的遊戲。我們會抬頭看著天上的雲，然後找出一些圖案：大鬍子男人們、河馬、布丁加鮮奶油或是巨龍；我們也會看著石頭上的紋路，從中找到人臉、河流和動物。後來當我接受神經語言程序學訓練的時候，我們的訓練師坤竇．庫闕拉（Gundl Kutschera）帶著學員們到大自然裡尋找生命問題的答案：你從樹木看到什麼？石頭呢？雲朵呢？這樣的答案是否符合你的問題，例如：「我接下來該做什麼？」、「我生命中重要的事情是什麼？」坤竇聲稱印第安人以這種方式回答所有的生命問題。「你只要提出問題，答案會由大自然裡的生物以及四大元素水、火、土及風送給你。」

我們一再失落，
想法襲來之際，

再度誕生，
預感著向世界，

托付，浮動。
如清風中的雲朵，
因為依舊存在的一切邊際，
都比天空遙遠。

許多變幻，
我們卻一無所知。
能在世間多長久，
夢中憂心依舊。

懷疑還有多久，
因為想起一切，
曾經憂懼的，
可已經明澈？

我們或遭逢溫柔，
在碰觸天空之際，
呼吸的近處，
誘得我們來到此處。

——尚・蓋布瑟（Jean Gebser）[74]

和內在陽光小孩一起動一動

習題

先定義一個你真的很想找出答案的問題，例如：「對我而言，何謂變老？」然後忘掉這個問題，到大自然裡散步。也許有些什麼會映入你的眼簾、對你訴說，好比松樹的一片樹皮。

---

74 譯註：尚・蓋布瑟（一九〇五～一九七三年）是德國－瑞士籍哲學家、詩人，他是第一個以文化研究為取向的意識研究者，建立了人類意識史的結構模式。

仔細看著它，看看你能辨識出哪些具體的象徵／圖樣，好比威尼斯的舞會面具。等你回到家的時候，記下至少三個這樣的具體象徵。下一步你要自問：假設「威尼斯面具」能回答我的問題，它會對我說什麼？「威尼斯面具」能回答我的問題到什麼程度？然後發揮聯想力，描述所有你想得到的答案。好比在威尼斯面具的例子裡，你可以想到：變老的時候，面具就一個一個掉落，可以比較無須偽裝地貼近生活等。

迷你版

走近大自然尋寶，看看她會帶給你什麼驚喜。

平時記得抬頭觀察雲朵堆疊出何種圖案。

靈感來源：坤竇．庫闕拉，我親愛而且卓越的神經語言程序學中的「共鳴」課程老師。

．用手吃東西

好幾年前，我的朋友烏莉曾煮了一回真正的印度米飯餐點，她站在廚房裡好幾個小時，準備了豆泥、咖哩雞肉、白花椰菜咖哩和咖哩餃。此外，還有新鮮水果、印度烤餅（印度麵包）和米飯。聞起來不可思議的美妙，散發出肉豆蔻、咖哩和肉桂的香氣。

為了體驗真正的印度風情（就像烏莉的旅行回憶那樣），我們都要用手吃飯。首先當然要洗手，然後就開始了。烏莉做給我看，怎麼以右手比出一個小鏟子。先把米、醬和蔬菜堆出一定的量，接著把混合的食物鏟起、送至嘴邊，然後把小分量的食物用鏟子手的拇指推進嘴裡。儘管這種進食方式再自然不過，但我還是必須設法克服自己的心理障礙。

大家大概很難想像「不可以用手吃飯」這項餐桌禮儀，對我們的影響有多麼深遠。然而，當我把第一小鏟食物送進嘴巴後，一切突然變得很有趣，捏出小量、剛好一口的分量，把手指浸到醬汁裡再舔乾淨。嗯！這對我的陽光小孩可是場盛宴。

和內在陽光小孩一起動一動

習題

第一個版本絕對適用於社交：準備一些派對用的手指食物（finger foods），邀請你的朋友參加手指食物之夜。現場只準備餐巾紙，不附設餐具。

第二個版本更簡單，準備有很多配料的熱食，邀請有興趣偶爾用手指吃飯的朋友前來共享。勇敢去做！這是感官的享受。

迷你版

吃顆蘋果或桃子，享用之前閉上眼睛，刻意地把水果在手上轉動，摸索水果的特質。

靈感來源：我的朋友烏莉。

・如果由我做決定

不論是幼時還是成年之後，人生中總會碰到許多界線和限制；和外界原則及規範產生摩擦的時候，我們會將這些阻礙內化，然後繼續發展，嚴格來說不致於構成太大的問題。例如：必須準時起床上學／上班、解決眼前的業務、中餐要吃什麼、填表格等。但有時我們的內在陽光小孩就是覺得厭煩，為什麼一定要到監管機關去延長護照？為什麼一定要準時報稅？或者上班時為什麼一定要打領帶，真是無趣！為此大家心中都有一個共同的願望：希望一切都能自己決定而不受限制。這種幻想自由而帶來的解脫感，經檢測可提高血清素值（放鬆賀爾蒙）。

不要讓夢想主宰生命，
而是真正活出你的夢想。
——街頭塗鴉

我先生和他的朋友克里斯提安常玩「如果我是城市之王」的遊戲。他們晚上會一邊喝啤酒、一邊為這個小城鎮發想更好的未來，講到興奮處還會彼此會心地眨個眼。我只說：這附近的整排房子會在他們執政期間（據他們的設定是四個星期）被炸掉，幸好下一個決策者一定會立刻撤銷這麼激進的做法。

和內在陽光小孩一起動一動

習題

準備一本簿子或一疊紙，每天早上花十分鐘寫下「假如我是做決定的那個人」。以下是幾項施行細則：假如我有自由，我會做什麼？我會怎麼改變世界？我會有什麼感覺？我會怎麼想？我會去拜訪誰？凡此種種。在這十分鐘內寫下你的任何想像。寫完之後想一想，你會選取哪個點子實踐，或是稍加修正過再付諸實行。

迷你版

簡單在腦子裡描繪，如果你是決定者，可以如何改變目前的生活情況。

靈感來源：把「假如我是做決定的那個人」寫下來的想法來自瑛珂．尤興斯（Inke Jochims）；每天早晨藉由書寫展開一天的點子來自優莉亞．克麥隆（Julia Cameron）[75]。

．變魔術

魔術的迷人之處，就在於它很神奇。我的朋友彼得是個經驗老到且嚴謹的律師，平時最大的興趣就是表演魔術。表演前他喜歡動動耳朵，故意讓小孩子迷惑，有時就連大人也看得入迷、完全被他吸引。動完耳朵之後，他會開始表演。彼得可以從觀眾的耳朵後面取出錢幣來，這是孩子們百看不厭的橋段：「拜託，拜託，彼得，再來一次！」我也經常看他表演，而且說真的，我也覺得不論看幾次都不會膩，尤其我迄今還是搞不懂他到底怎麼辦到的。

內在陽光小孩不但喜歡魔術秀，自己也喜歡變魔術。像我九歲的教子米夏埃爾，他的拿手絕活是在黑暗裡讓兩隻螢火蟲跳起舞來，其中一隻甚至會消失在他嘴裡，然後又從他的腳上跑出來。這個小魔術師執著地一再練習他的戲法，令人嘆為觀止。我不能泄露他是怎麼辦到的，正如米夏埃爾所言：「世界上所有偉大的魔術都得誓言保密。」

和內在陽光小孩一起動一動

習題

學習一項魔術技法，並練習至可以完美上臺演出的程度。然後為自己找個觀眾，最好是會對你著迷的小孩，如果一切順利，你將會獲得許多讚美。你可以在遊戲商店或網路上尋找魔術技法，或是到書店找一些變魔術的指導書籍；市面上也有許多一小箱的魔術套組可買。

75 出自瑛珂・尤興斯二〇〇二年的著作《糖與貪食症。正確飲食如何有助於脫離貪食症及暴食症》（*Zucker und Bulimie. Wie richtige Ernährung hilft, aus Bulimie und Binge Eating auszusteigen*），柏林，黑德維希出版社（Hedwig）；以及優莉亞・克麥隆二〇〇三年的著作《寫作的藝術……以及讓文字流動所帶來的遊戲樂趣。》（*Von der Kunst des Schreibens... und der spielerischen Freude, Worte fließen zu lassen*），慕尼黑，克瑙爾出版社（Knaur）。

迷你版

出乎意料地向某人眨眼，展露你調皮的一面。

靈感來源：我的朋友彼得，以及我的教子米夏埃爾。

·翻轉舊習慣

前文提過，我的母親是個老師。大家通常比較把老師想像成嚴肅且陰沉的人，但我母親內心有個十分活躍的陽光小孩，常常會和我們一起犯傻。聽她在高級德文課上教授達達主義，簡直是種至高無上的享受。

她邀請德文課的學生去吃義大利麵，**麵條被染成藍色，而且要坐在桌子底下享用**。就在每個「義大利麵大食客」都沒注意的時候，我母親把一隻黑色的塑膠甲蟲放在盤子邊，然後開心地見識到這些年輕客人們的驚叫聲。用餐時他們背誦達達主義的詩篇，包括恩斯特·楊德（Ernst Jandl）的《歐托的哈巴狗》（*Ottos Mops*，見左頁）。我在十二歲時也曾經歷過這項活動，至今仍歷歷在目。這段記憶給了我勇氣，**讓我偶爾把稀鬆平常的事做出完全不同的表現**。我每次回想起那次餐會，就忍不住馬上做個鬼臉。

《歐托的哈巴狗》

（譯註：這首詩有趣的是重複的發音，有繞口令的諧趣，文字意義並不那麼重要。）

歐托的哈巴狗生悶氣，　ottos mops trozt
歐托：走開哈巴狗走開。　otto: fort mops fort
歐托的哈巴狗蹦蹦跳跳走開了，　ottos mops hopst fort
歐托：哼哼。　otto: soso

歐托的哈巴狗敲著門，　ottos mops klopft
歐托：來哈巴狗來。　otto: komm mops komm
歐托的哈巴狗過來，　ottos mops kommt
歐托的哈巴狗吐了，　ottos mops kotzt
歐托：噢老天噢老天。　otto: ogottogott

歐托拿煤炭，　otto holt koks
歐托拿水果，　otto holt obst
歐托聽著，　otto horcht

歐托：哈巴狗哈巴狗。　otto: mops mops

歐托希望。　otto hofft

偶爾卸下自己的角色、逃出舊習慣的束縛，勇於翻轉瘋狂一下，這是種腦部和創意訓練。要是我們老是照章行事，如何能思考新的事物，得到新的解答呢？

和內在陽光小孩一起動一動

習題

做些瘋狂的事，把習慣翻個倒頭栽！我能想到許多無比瘋狂的事，但其中大部分我自己也不敢做。好比到郵局櫃檯買貓飼料。其他點子像是，上班時從停車場倒退著走向辦公室；或是像我兒子里歐把夾克外套當成束口褲穿。我真正偶爾會做的，就是像隻小狗一樣，四肢並用地爬上樓梯，以及換邊做做，也就是本來用右手做的事，好比刷牙或開瓶子，改用左手執行。

迷你版

從杯子上緣（也就是錯的一邊）喝，這樣喝水的時候要把杯子傾斜，使杯子上緣更靠近你的嘴，然後你要盡量轉頭才能喝到水。你如果有孩子，邀請他們一起做，孩子們可能會因此笑個不停。

靈感來源：反向做事以及把從右邊換到左邊的點子，來自腦部訓練課程，取自杜德利．林區（Dudley Lynch）和保羅．寇帝斯（Paul Kordis）的著作《海豚謀略》（*Delfin Strategie*）。

．摸摸肩膀搔搔背

碰觸是種良藥，可以直接降低你所承受的壓力，因此母親常常環抱孩子，孩子喊痛的時候就抱著或撫摸他。設身處地的撫觸可緩和脈搏、讓呼吸變得比較深沉，大腦還會同時分泌愉快賀爾蒙催產素（Oxytocin），這是一種會與愛、信賴及牽繫感同時產生的賀爾蒙。人類在出生頭一年都是「背負動物」（嬰兒無法長時間不受看顧，因此雙親不論走到哪兒都背著我們）以及「巢居動物」（父母背孩子背累了，就會把他們放到安全的地方），他人的照料是我們的生存必需。

度過這個階段之後，當某人親切地拍拍我們的肩膀、溫柔地撫過背脊，或者按摩雙腳時，我們還是感覺舒服。我還是孩子的時候，最喜歡讓祖母抓我的背。我會坐在一張大大的棕色絲絨沙發上，當祖母輕搔我的背，我便陷入某種愉快的恍惚感中，若我是隻貓，一定會發出愉悅的呼嚕聲。每次祖母想停下來，我總說：「啊，拜託，再一會兒就好。」我也會輕輕按摩祖母的頸項、肩膀和背部，尤其是老年人長期缺乏碰觸，這些肢體上的互動有助於增加他們的喜悅感。

和內在陽光小孩一起動一動

習題

摩挲：讓你喜歡的某個人摩挲你的背或是頭部，你可以想像猴子的模樣，猴子彼此抓虱子是種社會行為，以某種互助形式維持友善共存的生活[76]。

按摩：詢問伴侶是否可以替你按摩雙手、雙腳和背部，或是找按摩治療師幫你按摩，重點在於讓你徹底放鬆。也可打聽熟人之間有誰會按摩？有哪些方式？哪種聽起來最令人期待？你也可以幫伴侶或其他你喜歡的人按摩。以適當的力道捏捏他們的肩膀、頸項或背部。

迷你版

拍拍某人的肩膀鼓勵他，或是自己按摩雙手、雙腳，試著非常專注而愛憐地撫摸。好的按摩油能讓過程更順利，並幫助你意識到這樣的按摩是在替自己做些有益的事。

靈感來源：某次我去當地動物園的猴子館，看著牠們互相抓虱子時想到的。

・熟能生巧

你曾觀察過大約一歲半大的孩子如何學著直起身來，然後站立嗎？包著尿布的小屁股毫不懈怠，集中心力和力量，高高舉起他細細的腿；小小的人類之子一再抓著客廳的桌子、挺直身體。儘管經常跌倒，但這些小傢伙絕不氣餒，跌跤之後立刻再試一次。反覆嘗試之後，他們已習慣這些流程，至少可以穩定站立──起初還扶著沙發邊緣，但是很快就放開了。

如果我們成年之後還保有這種毫不退縮、一再嘗試的動力，又會怎麼樣？我的朋友安德雷亞在她四十五歲的時候開始學鋼琴，在這之前她既不會看譜、也不曾接受任何音樂訓練，但是她從不放棄，每天規律練習約半個小時（更多時候都超過半小時）。如今她已經能輕而易舉地演奏各種困難的曲子。

我們時常以為「小時候沒學會的，長大也學不會」，但腦部研究專家告訴我們的卻完全不同。正如神經科學協會（Society for Neuroscience）在網頁上宣導的一樣。專家雖然對於要做哪種練習，以及要花多久時間才有效仍有爭議，但「熟能生巧」這句俗諺至今仍非常受用：訓練能改善表現，並改變我們的腦子。

76 出自靈長類學家法蘭斯．德瓦爾（Frans de Waal）出版於二〇〇五年的著作《我們內在的猴子：為什麼我們是我們的樣子》（*Der Affe in uns. Warum wir sind, wie wir sind*），慕尼黑，漢瑟出版社（Hanser）。

和內在陽光小孩一起動一動

習題

運用內在陽光小孩的力量，學會一種你早已渴望已久的技能。你可以學樂器、學新的語言、用縫紉機縫東西，或是學會用蝶式游泳。想一下誰能教你，你需要找個老師嗎？或是可以向鄰居習得這些技能？還是看書就能學會？試著從那些學走路孩子們身上找尋靈感吧。記住以下原則：

・絕不輕言放棄。
・不因退步和進度偶爾停滯不前而氣餒。
・找一位知道「你想做的是什麼」的好老師帶領你練習。

靈感來源：學走路的孩子。

・蒙上眼睛去感受

「瞎眼牛」是種兒童遊戲，一個人用手帕把眼睛蒙起來，必須嘗試抓到其他小孩，被抓到的人就輪到當瞎眼牛（編按：有點類似蒙眼版的「鬼抓人」）。我小時的候其實根本沒玩過瞎眼牛，倒是玩過另一種要把眼睛閉起來（或蒙起來）的遊戲：飛奔的旋轉椅。玩法如下，其中一人必須坐在樓上我父親的旋轉椅上，然後閉上眼睛。其他人就盡可能快速地推著旋轉椅，穿梭在這個區域裡，尤其要故意轉向危險之處，好比門檻或是樓梯上方的平臺。這個遊戲的目的是要盡量忍耐緊繃的神經，直到發生不幸前的最後一刻才可以睜開眼睛，並大聲抗議。椅子上的人若太早睜開眼睛，大家就會朝著你叫嚷：「膽小鬼！你偷看！」

如今我依然會和兒子一起玩類似的「引導」遊戲，這已經好幾次把他們從無聊的情緒中解放出來。我們其中一方會閉上眼睛接受引導，如果引導者有時故意把人往墓園方向帶，或是帶人去踩水坑，一切就會變得很好玩。

關閉視覺會帶來嶄新且豐富的經驗，很多「摸黑咖啡廳」及「摸黑餐廳」之所以成功也是這個原因。在裡頭做菜、服務的都是盲人或是重度視障人士，他們帶領視覺正常的人走進聽力、嗅覺、觸覺和味覺異常清晰的世界，幫助他們克服因黑暗而產生的不安。

和內在陽光小孩一起動一動

習題

蒙上眼睛，讓可信賴的同伴引導你。你們可以走一些原本熟知的路線（例如到你平時最常去購物的商店）。試著觀察看看，當視覺失靈，你對外界的感知會如何改變。當你必須轉而藉助於聽力、觸覺以及領導你的同伴時，一切都突然變得新鮮起來。

迷你版

閉上眼從房間一頭走向另一頭，或是筆直地穿越你的庭院。

靈感來源：摸黑咖啡廳及餐廳。

・讓太陽照進來

「讓太陽照耀、讓太陽照耀、讓太陽照進你的心裡。」你的內在陽光小孩會很樂意你這麼做。每次當你瞇上眼睛面向太陽，橘色的光線便穿過眼睛流進你心裡，皮膚因為陽光而暖熱，內在陽光小孩喜歡做日光浴，你可以有意識地讓自己

站在陽光下，閉上眼睛把陽光吸收進去，就像開頭這首兒歌描述的一樣，讓陽光照進你的心底。

我是陽光媽媽，背著
地球度過夜與日。
我穩穩地支撐她、照耀她，
讓地面上的一切得以生長。
石頭和花朵，人和動物，
一切都從我這裡接收他們的光。
對你小小的心這麼做吧，我親愛的孩子，
讓我們在這道光裡聚首。

——克里斯提安．摩根史登（Christian Morgenstern，德國詩人）

身體及能量治療師唐娜．伊頓（Donna Eden）表示這是一種身體鍛鍊，她稱之為：「天堂衝進來」，也就是讓天堂闖入、衝進你體內。你可以把這種練習當作藥品一樣使用，一旦你覺得力量耗盡，而想要重新填充能量，或是對抗輕微壓抑的情緒，晒太陽的效果比任何振奮劑都好！

和內在陽光小孩一起動一動

習題

站起身，想像自己是朵向日葵，接著閉上眼睛、抬起雙手伸向天空，讓身體看起來像個倒A。然後刻意呼吸幾下，一邊把陽光從閉著的眼睛吸收進來。接著將手交叉至心臟處，再次刻意呼吸。你也可以想像自己和一切連在一起——太陽、空氣、宇宙。重複這個練習，直到你覺得充滿能量而且飽足為止。

迷你版

閉上眼睛，把臉朝向太陽，接受金光滿滿的照耀。

靈感來源：唐娜．伊頓[77]。

77 出自唐娜．伊頓二〇一四年的著作《五分鐘就獲得更多能量。簡單運動保持健康及好心情》（*Mehr Energie in fünf Minuten. Fit und gut gelaunt mit einfachen Übungen*），慕尼黑，果德曼出版社，頁四十五。

・交個好朋友

四年級的時候她坐到我身邊，一個綁著金黃髮辮的女孩，她叫安娜。她有一塊加了香料、粉紫色條紋的橡皮擦，聞起來像顆糖果，還有多層的資料夾和線圈筆記本。她擁有一切我們這裡沒有的東西。這些對我而言相當奇異的用品，是她從菲律賓帶回來的。

儘管她才剛從菲律賓過來，但是德語講得十分流利。身為外交官的女兒，她在馬尼拉讀的雖然是美國學校，家裡卻一直都以德語溝通。安娜和我一見如故，很快就成了好朋友，每天通電話好幾個小時，讓我父親非常惱火（「妳們不是才剛在學校見面嗎？」）我們互相到對方家過夜、一起上學、一起玩娃娃；我們稍微再大一些的時候，我們偷偷一起抽了第一根菸，地點在那種很老套的火車鐵軌旁的路堤上。在學校裡，老師把安娜和我拆開來坐，因為我們總是聊個不停。有一次我們兩個拿出一些零用錢各買了一隻填充小狗：我的叫小安娜，她的叫小優莉。

十四歲的時候我們分道揚鑣，安娜和雙親搬到卡拉卡斯（Caracas，委內瑞拉首都），我非常傷心。雖然彼此承諾要每天寫信給對方，但終究沒有辦到（八〇年代初期寄海外信件要等相當久才會收到回信）；當時也還沒有電子郵件，打越洋電話非常昂貴。儘管沒能通信，我們卻從未完全失去對方的音訊，為此我深感幸運。直到今天，每次我們碰面，舊時情誼立刻甦醒。我和安娜的友情是這樣的：無須特別做些什麼，也能保有信賴感和親近感，不論我們是否知道彼此的最新動態。

從生命驅逐友情的人，
就從世界移走了陽光。

——馬庫斯・圖里烏斯・西塞羅（Marcus Tullius Cicero）

友誼對內在陽光小孩是種生命魔藥，他需要玩伴、交流和興趣；友誼更是好心情的重要元素。前文提過，世界衛生組織說健康是「身體、心靈和社會全面舒適的狀態」（見第二十二頁）。體驗社會支援，可讓我們健康有活力。「社會支援以社會關係及互動組成，滿足人對善意、認同、安全、訊息及支持的基本需求，人從中獲得掌控生活所需的力量與強度，使人情緒穩定，維持心理及身體健康。」[78]

經科學認證，那些具備良好社會網絡的人比較少生病，即使生了病（包括慢性病）也能較快痊癒。人類是群居動物——有了其他人，尤其是最好的朋友陪伴，我們才會真的覺得舒服自在。

和內在陽光小孩一起動一動

習題

記得你學生時期最好的朋友嗎？你和他（她）還有聯繫嗎？如果沒有，試著重新聯絡對方。現在藉由臉書（Facebook）、朋友網（編按：StayFriends，德國最大社群網站）等社群媒體找尋朋友，已比從前簡單得多。你可以透過文字訊息，重新感覺雙方過去的羈絆是否依然存在，彼此是否有機會再次接上線，或是有什麼理由讓你們不再保持連絡。

迷你版

直接打電話給你的老友，專心地傾聽對方說話。

靈感來源：我的朋友安雅，以及兔子努利和青蛙慕特[79]。

---

78 出自安東—魯伯特・萊瑞特，（Anton-Rupert Laireiter）二〇〇九年的著作《社會網絡及社會支援》（*Soziales Netzwerk und soziale Unterstützung*），收錄於卡爾・藍茲（Karl Lenz）、法蘭克・內思特曼（Frank Nestmann）合著的《個人關係手冊》（*Handbuch persönliche Beziehungen*），衛海姆／慕尼黑，尤文塔出版社（Juventa），頁七十七。

79 德國作家馬蒂亞斯・索德克（Matthias Sodtke）《兔子努利和青蛙慕特》系列繪本（共五本）的兩位主角，第一本為《味道像紅蘿蔔的蒼蠅，到底有沒有？》，正體中文版於二〇〇六年由阿布拉出版。

・鼓勵

「我對妳感到很驕傲。」父親有天突如其來的這麼說，我感到非常錯愕，完全不記得自己先前曾說過什麼，竟獲得這樣的讚美。當時他已七十八歲，而我四十八歲，我的內在陽光小孩因為他的讚美高興得發狂，尤其我很少受到父親稱讚，他天生具有批判精神，對任何事都要求甚高。這句讚美餘韻不斷，直到今日都鼓勵著我。鼓勵就是這麼重要！鼓勵之於人們就像呼吸空氣，然而我們卻太習慣在缺乏鼓勵的環境中過日子，就像早已對汽車排放的廢氣無感一樣。鼓勵能幫助我們嘗試困難的事物、重新獲得力量，在情緒低迷的時候振作起來。

> 「你變成一個好人。
> 我對你感到驕傲，瑪可士。」我五十五歲。
> 我一輩子都在等這些話。
>
> ——卡勒德・胡賽尼（Khaled Hosseini）的著作《遠山的回音》

鼓勵的作用當然是雙向的，你可以接受別人的鼓勵，當然也能鼓勵別人。但當你真正開始給予他人鼓勵時，你會發現這並不容易。簡單一句「你辦得到的」可能很適當，尤其當對方產生自我懷疑的時候，但這時如果能在鼓勵當中加上一些事實的描述，效果會更好。例如：「你一定辦得到，因為你已經做好充足的準備了。」或是「我覺得你這麼做（說出對方已完成的事實）很棒，一定沒問題的。」

和內在陽光小孩一起動一動

習題

不要吝於給人鼓勵：先想想身邊有誰需要鼓勵，再仔細觀察，被鼓勵者會把什麼樣的話當作鼓勵，不論讚美或正面的回應都很適合。接著找出正確的時間和地點，看看是否達到你所期望的效果：能否成功誘使對方的陽光小孩現身；對方是否振作、變得堅強。但也有些人習慣不動聲色，內心暗自開心，無須戳破他。

勇敢說出自己需要鼓勵：我們應該「期待」他人的鼓勵嗎？不，我說的是「主動要求」別人鼓勵你。做法如下：直接走向某人，然後拜託他：「可以對我說些支持的話嗎？我現在真的很需要。」當對方說完後，誠摯地表達謝意，並讓鼓勵在心中發酵。

如果對方沒有立刻回答你，也不要覺得被冒犯，畢竟這種請託在日常交流中並不常見；若是對方說：「我得先想一下。」也是合理之事，請耐心等候即可。

迷你版

注意你周圍的人完成了什麼好事，然後立刻告訴他們你的肯定。簡單一句「這真是太棒了」或是「你做得太好了」就已足夠。

靈感來源：荷蘭鼓勵大師提歐・舜納克（Theo Schoenaker）二〇一〇年的著作《勇氣的益處：鼓勵訓練》（*Mut tut gut: das Encouraging-Training*）。

・雨已過，天已青

「我明白現在大雨已過……接下來將有個明亮、明亮、陽光普照的一天。」在某個研討課程上，講師播放了這首歌，大家都跟著曲子跳起舞來。我們內在的陽光小孩都被釋放出來，眾人還大聲唱和、甚至嘶吼著。接下來大家的心情都很放鬆，以無比清醒的狀態進入下一階段。

不同的音樂能製造出各種情緒，這是每個人都知道的。我們的陽光小孩喜歡愉快的音樂，尤其是那種可以一起合唱的曲子。好比美國創作型饒舌歌手菲瑞・威廉斯（Pharrell Williams）的《快樂》（*Happy*）；或是各種芭樂俗氣的流行歌曲，例如：「活在世上真美好，蜜蜂對豪豬說」[80]。

「明明就有這麼多選擇，何必那麼沒品味？」你也許會這麼想，的確，但你絕對知道我說的是哪些音樂——就是那種聽了會讓情緒變得更明亮的「好心情」歌曲，聽到這樣的旋律，內心總是不由自主地開始有些小雀躍。當然有的人堅持非古典樂不聽，這也無妨，只要是可容易哼唱、聽了輕鬆愉快的曲子皆可。

和內在陽光小孩一起動一動

習題

整理一張專屬自己的陽光小孩音樂清單（我的播放清單請見第二六三頁〈給陽光小孩的音樂〉），並測試每首歌提振精神的效果如何。別忘了你想擁有的是讓內在陽光小孩高興得要跳起來的愉悅感受。一旦整理出清單，就可以將之應用於治療目的，例如想在灰暗的雨天排除惡劣心情，直接拿出來大聲播放。

迷你版

聽一首讓你心情開朗的歌，保證一掃先前的陰霾。

80 譯註：德國流行歌手羅伊·布萊克（Roy Black）於一九七一年和挪威小女孩歌手安妮塔·黑格蘭（Anita Hegerland）合作的熱門單曲《活在世上真美好》（*Schön ist es auf der Welt zu sein*）的歌詞。

靈感來源：我的兩位神經語言程序訓練師：長年研究音樂的坤賓・庫闕拉，以及蘿絲瑪莉・林德納（Rosamrie Lindner）。

・蹦蹦跳跳

請各位先把手放在胸口，然後自問：我多久沒蹦蹦跳跳了？就我個人而言，我覺得自己大概已經一百年沒蹦蹦跳跳了，但當我還是個孩子的時候卻很常這麼做。某個時候我放膽再次蹦跳起來，首先用兩隻腳，然後左、右雙腳交替，最高境界則是「邊跳邊跑」：你還記得自己這麼做過嗎？整個人跳動著向前移動，兩隻手也跟著擺動，你甚至可以跳著跑一段長距離。「跳動讓肌肉及關節震動和鬆懈，血管裡的血液循環增加。」[81]蹦跳也是種超級心臟訓練——之後你會覺得清醒且充滿力量，**甚至比喝咖啡還要提神**。

此外，蹦跳讓人聯想到快樂、

有活力，就連孩子也只在充滿精力且心情大好時才會蹦蹦跳跳，這意味著蹦跳能召喚好心情。如果你的關節比較敏感，或是出於其他因素，不太能承受蹦跳產生的輕微撞擊，市售的迷你跳床是很好的替代品，你可以安心地在上頭輕輕跳躍。

和內在陽光小孩一起動一動

習題

雙腳跳：兩腳站好，以內觀的方式稍微掃描一下全身，感受從頭到腳的感覺。接著開始跳躍，先以雙腳很小地跳一步，然後持續往前跳，讓蹦跳的幅度越來越大。連續跳躍兩分鐘後，觀察這樣的做法起了哪些作用。你可能會覺得自己比之前清醒得多。

邊跳邊跑：找片長條型的、不會撞到任何人的空地，然後走幾大步，接著開始邊跳邊跑（信賴你的身體，它會帶領著你）。

---

81 出自克勞迪亞・克羅絲—慕勒（Claudia Croos-Müller）二〇一四年的著作《祝你好運。求生小冊。負面思考、自我懷疑、倒楣及慌張的緊急救助》（*Viel Glück. Das kleine Überlebensbuch. Soforthilfe bei Schwarzsehen, Selbstzweifeln, Pech und Pannen*），插畫者為凱・潘能（Kai Pannen），慕尼黑，寇瑟出版社（Kösel），頁十五。

迷你版

用兩腳原地上下跳躍。

靈感來源：克勞迪亞・克羅絲－慕勒博士及茱莉・亨德森（見第一二七頁）。

・聽從內心衝動

「衝動日」的點子來自我的朋友艾娃。艾娃注意到她其實不信任自己的內心衝動，她自問：「如果我只信任我的衝動，我還會起床嗎？」她很想知道答案，於是排定了一個衝動試驗。

第一天她醒來之後——當然沒有設定鬧鐘——她還繼續賴在床上，並且傾聽內心的聲音，看看會否產生起床的衝動，以及這樣的衝動何時降臨。最先出現感覺的是胃部，此處是瑜伽中太陽神經叢脈輪（Solar Plexux Chakra，又稱臍輪）的所在。你可以察覺到上腹部有種輕微的拉扯，就好像有個磁鐵拉你過去。

需要休息時，身體也會給你「該休息了」的衝動，大部分是以沉重感或疲勞發出警訊，就好像你的雙腿、雙臂突然變得比較重。在日常生活當中，我們通常會忽視這類衝動，因為我們根本不能——好比在會議上——立即滿足這樣的需求而閉上眼睛。我的朋友艾娃發現，她首先面對的是憂慮感：「如果我不再起床怎麼辦？我會就此沉淪嗎？我會永遠都躺在床上嗎？」聽來有點可笑，但如果你也嘗試了艾娃的試驗，很可能也會出現同樣的想法。

美國作家珍．羅伯茲（Jane Roberts）在著作《珍的上帝》（*The God of Jane: A Psychic Manifesto*）中，描述她如何抗拒追隨自己的衝動，但她其實認為這些衝動非常珍貴。「雖然不至於咬緊牙關，但也相差無幾，我決定跟隨我的衝動。」偶爾和你的內在陽光小孩一起順從內心充動，他一定會喜歡這個經驗。你也可以訂定「衝動日」，在這天內盡情的做你最想做的事，這有助於重新發展你對內在律動覺知，並專注地和自己相處。

和內在陽光小孩一起動一動

習題

找個休息的日子，並將之訂為「衝動日」。在這一天裡最好獨自動，也無須設定鬧鐘，醒來之後傾聽你的內心，什麼事情最吸引你？你想做些什麼？然後依循你的衝動行事。

迷你版

每天找個時間停頓一會兒，然後靜靜感受週遭何處最吸引你前往。

靈感來源：我的朋友艾娃，以及珍．羅伯茲。

‧跟隨外來推力

與上一個練習的做法相對，你也可以反過來：不跟隨內心衝動，而是聽從所有來自外在、生活給予的推力，看看這趟未知的旅途將指向何方，讓自己驚喜一下。你得跟隨生活的流動，但不必特地去上課程，沒這個必要，這些經驗可能就在家門外。例如走向鄰近的公車站，不是為了搭某條路線車、不為到達某目的地，而是直接跳上你碰上的第一班公車。然後你望向車窗，看看車外有什麼吸引你的注意，也許是你直到目前都未曾注意過的花店；也可能剛好是車上某個人的行為，例如你下車時剛好有位老太太需要協助。

如果有朋友來電問你是否想一起去看展覽，請回答他：「沒問題，我馬上到。」不論你是否有興趣。你的內在陽光小孩會很喜歡你展現出來的童心。當你來場真正的冒險，便可能在城市裡發現某個全新的角落；你也許會因此認識某些人，然後變成朋友。在任何情況下，你都和宇宙建立起聯繫，進入一個與天地萬物互動的問答遊戲，給「偶然」一個機會，練習和周遭環境對話。

和內在陽光小孩一起動一動

習題

找一天徹底休息，不要安排任何行程，醒來後便開始期待，生命會給你什麼樣的推力。

不論孩子跑到床上要求你什麼，都回答他們「好」；收音機若介紹今日有什麼特別的活動，就放心出門參加。以這樣的方式**讓自己被一個接一個的動力推著走，慢慢將一天填滿**。當這天結束時，你可以做個總結，看看這樣的自發之旅為你帶來些什麼。

迷你版

操作方式同上，但一天只跟隨一個來自外界的推力行動。

靈感來源：欣阮・辛格（Simran Singh）在著作《和宇宙對話》（*Conversation with the Universe*）中提及人們和宇宙、和無垠整體相連，而且能與之對話的想像；超心理學家（Parapsychology）魯伯特・謝德瑞克（Rupert Sheldrake）則稱之為「形態共振」（Morphische Resonanz）[82]。

82 出自魯伯特・謝德瑞克二〇一五年的著作《科學妄想》（*Die Wissenschaftswahn*），慕尼黑，O・W・巴爾特出版社（O. W. Barth）。

・敲敲打打

人類和旋律緊緊相連，胎兒在母體中就曾聽著母親的心跳，因此我們的一生或多或少都會被平穩的節拍包圍。人的脈搏伴隨自己一生，因外界需求而調整，端視你是否正在追公車，或是在廚房小心地把雞蛋放進滾燙的水裡。人體更是和自然頻率連結：日與夜、睡眠與清醒、寂靜與喧囂、生與死，**因此所有的人都有與生俱來的韻律感**。

當我的兩個兒子還小的時候，我們總是會來場鼓樂演奏會。我找來不同的敲擊樂器：搖搖蛋、非洲手搖鈴、敲擊棒和手鼓，或拿空的清潔劑罐、彩色的塑膠杯和筷子充數。我們會用湯匙在上頭敲擊，其中一人設定節拍，好比「短—短—長，短—短—長」，其他人則陸續加入，越是簡單的節奏越能即興演奏。「短—短—長」的韻律也可以切成四分之一拍：「長—長」或是「長—短—短」，之後再進入下一步：「砰—恰卡，碰—恰卡，碰、碰、碰」。光是玩這些搖鈴和鼓（並隨著節奏搖擺身體）就能消磨一個下午。事後不堪其擾的房東總是不悅斜眼地看著我們，哈哈。

和內在陽光小孩一起動一動

習題

身體打擊樂：播放擊鼓音樂，好比演唱團體桂姆與查卡（Guem et Zaka）的《長頸鹿曼波》（*La Giraffe Mambo*）。用手隨著節奏敲擊，你的身軀就是發聲體：在肚子上拍擊，拍打大腿、肩膀或雙腳，左、右手交替，或是兩手一起來。你可以用手掌敲擊，或是使用拳頭、指尖，透過變化豐富的敲擊達到按摩效果。

迷你版

如果你剛好坐在電腦旁，以「短、短、長—短、短、長」的節奏敲擊。先兩手一起來，然後兩手交替。若是你情緒高昂，你也可以簡單唱出下列歌詞：We will, we will rock you, rock you.；走進廚房尋找日常用品，任何會發出拍擊聲、沙沙聲的皆可。在杯子裡裝米，或找兩根可互相敲擊的湯匙、筷子、瓢羹，然後把收音機音量調高，跟著節奏搖動、敲擊和拍擊。

靈感來源：皇后合唱團（Queen）已故主唱佛瑞迪．墨裘瑞（Freddie Mercury），以及羅夫．葛利羅（Rolf Grillo）二〇一二年的著作《全球旋律遊戲。團體律動的音樂遊戲模式》（*Rhythmusspiele der Welt. Musikalische Spielmodelle für die Rhythmusarbeit in Gruppen*）。

．先享受，後工作

「先工作再享受。」你也許就跟我一樣，從小聽著這句諺語長大，我簡直把這句話當作最高指導原則，直到今天我還是堅持一定要先盡完責任，才允許自己享樂。因此你總是會看到我忙著回覆所有的電子郵件、發想企畫案、吸地毯、給植物澆水、晾衣服、煮中飯、預備晚餐……換句話說：我根本沒時間享受。

這種沒得享受的生活方式，簡直把我們的內在陽光小孩氣壞了。尤其當你連續工作好幾個小時都只是為了「盡義務」，那麼效率應該也不會太高（因為你一定超不甘願）。何不把一切顛倒過來，「先享受後工作」？這樣一來，你就可以先去露天游泳池游個痛快、然後打個盹，接著再把時間奉獻給那些不得不做的工作（例如報稅）。

和內在陽光小孩一起動一動

習題

試著找一天讓享受先於工作，仔細觀察會發生什麼事，並問問自己感覺如何。你會覺得不安嗎？或害怕自己從此變得好逸惡勞？你會否從此不懂得如何分配享受和盡義務的時間？也許這兩件事根本毫無衝突？你可以把這一切都變成享受嗎？把你認知到的寫下來，或試著從洗車等例行公事中獲得一些樂趣。

如果你有孩子，這些「顛倒過來的例外」當然也適用於他們。你可以偶爾允許孩子們這麼做，讓自己驚喜一下，看他們會否真的拖到睡覺時間之前才開始寫功課。

迷你版

無須整天都運用這項顛倒原則，而是當你必須做決定的時候再這麼做。

靈感來源：我個人的社會化歷程：「先工作再享受。」

．跳支舞吧

你最後一次去迪斯可跳舞是什麼時候？你上過舞蹈學校嗎？有沒有學過肚皮舞？芭蕾舞？尊巴舞（編按：Zumba是種健身運動，結合了有氧運動和拉丁美洲旋律與舞步）？也許你跟我一樣從未受過舞蹈訓練，那麼你近幾年一定沒跳過舞。這實在很可惜，因為跳舞是種相當原始的語言，可以讓你對自己的身體說話，也讓身體對你說話。只要音樂一響，幾乎每個小

孩子都會自發性地舞動。但當孩子長成青少年的時候，便會擔心自己跳得不夠「正確」（或是不夠酷），這是因外界眼光而產生的不舒服。**我們再也不從自己的身體裡面找答案，而是像個局外人一樣，從外頭看著自己。**因此我們告別了天生的舞感，彷彿被解離了。就像某個故事中的蜈蚣，本來很會跳舞，直到突然有天被問是怎麼辦到的。

> 從前從前有隻蜈蚣，能跳出美妙的舞蹈。牠優雅而輕盈地踏著步子，充滿藝術感的旋轉，表演大膽的迴旋。觀眾看得如痴如醉。但後來牠被問到：「你究竟是怎麼辦到的？你先用左邊的第八十七隻腳，然後用右邊第三百二十隻腳嗎？還是你先從左邊第一隻腳開始？」蜈蚣開始思考這個問題，苦思不已，因為牠是隻有禮貌的蜈蚣，而且牠想認真回答這個問題。當牠下一次被要求跳舞的時候，突然再也無法動作了，彷彿失去了魔法。
>
> ——某個啟示故事

我七歲的教女費妮雅是個了不起的舞者。各種靈活的動作從她的內在湧出：她的腳滑過地板、手臂撫過天空，用全身每一個關節接收音樂。她跳得完全忘我，就像還沒有被問起跳舞祕訣的蜈蚣。我喜歡看她跳舞，我內在的陽光小孩簡直完全著迷，只想和她一起舞動。

和內在陽光小孩一起動一動

習題

找個機會去迪斯可跳舞。如果你不敢在眾人前舞動，就在家把音樂聲調大，盡情在客廳裡舞蹈。你也可以參加尊巴舞課程。隨著節奏盡情搖擺臀部，並觀察自己心中升起了哪些愉快感受？四肢的靈活度是否變強了？

迷你版

在自家廚房享受簡單的恰恰舞步。

靈感來源：全世界所有的舞者，尤其是我的尊巴舞教練。

・熱切期盼

你還記得自己帶著怎樣的渴望、多麼熱切期盼聖誕節到來嗎？我們每年的耶誕節總是開車到我薩爾布魯根（Saarbrücke）的外婆家，在這裡，耶誕節的所有細節都被盛大規畫，年年如此，這正是最棒的地方。在經歷漫長的車程後，我們會在十二月二十四日將近中午到達。一旦進到外婆家，我哥哥和我立刻衝向客廳門。門已經鎖上了嗎？從鑰匙孔裡可以看到什麼嗎？門當然是鎖上的，外婆甚至把鎖孔從裡面貼起來，讓人根本無從窺探裡面有什麼。

她每年都再不厭其煩地向我們說明，一定要等到聖嬰（耶穌）降臨、小鐘響了以後才可以看看客廳裡的擺設。中午大家窩在廚房吃飯，大部分是討厭的蔬菜湯（外婆最愛說：「聖嬰會看著你有沒有乖乖把盤子裡的東西吃乾淨。」），晚上才有美味的餅乾以及小香腸佐馬鈴薯沙拉。從教堂回家以後，時間終於到了。小鐘響了、客廳門打開了，耶誕樹已經點亮，肉桂的香味瀰漫，儘管已經瞄到成堆的禮物，但我們還不可以立刻衝向前去，還得唱完耶誕歌曲。

「這些回憶和成年生活和有什麼關係？」你也許自問。你可以把兒時那種對禮物的期盼重新找回來。這個點子來自作家潘．葛蘿特（見第一一九頁）在著作《9個實驗，印證祕密的力量》中的建議，你可以藉此測試自己和宇宙的聯繫，或是加強這樣的關係。她的第一個試驗是期待在四十八小時之內收到禮物。

「讓自己驚喜一下，看看會收到什麼。」當我決心這麼做的時候，我的內在陽光小孩立刻就位：「我最喜歡禮物了！」而最棒的禮物就是「接連不斷的禮物」。晨起時，我先生會把咖啡端到我的床邊，房間瀰漫著薰衣草精油的香味，我總在淋浴後抹上這種護膚油——這不也是一個禮物？一旦有了「生命處處都是禮物」的認知，我就知道自己的生活其實非常豐盛富足。

和內在陽光小孩一起動一動

習題

在接下來的四十八小時內期盼一樣禮物；把這個期盼寫下來，它就會變得更具體：「親愛的宇宙（或是你想傾訴的任何對象），在接下來的四十八小時內，也就是到星期二，某年某月某日幾點，我期盼收到一樣禮物。先致上衷心感謝！」你會對接著發生的事感到驚訝。同時也要注意你的內在陽光小孩出現哪些期盼。

迷你版

在日常生活中期待一個已經存在的小禮物，例如工作時，期盼下班後躺上柔軟的床鋪。

靈感來源：潘．葛蘿特。

．原地旋轉

我兒子里歐很喜歡原地轉圈，直到他覺得頭暈為止。他最喜歡在我房裡旋轉，邊轉邊穿越兩扇門是特殊挑戰，此外，他還會試著穿過小走廊直到兒童房，並於途中避開碰撞。

伊斯蘭蘇菲派（Sufism）教徒，把旋轉舞蹈視為祈禱與唱歌之外的另一種神聖行為。他們伸展雙臂，將右手掌心朝向天空，左手掌心朝向地面。就好像即使全世界都沉淪了，蘇菲教徒依舊會永遠這般旋轉下去。

除了宗教的意義外，旋轉似乎也會對心理產生影響。美國著名的治療師和精神導師克里斯・格里斯科姆（Chris Griscom）在著作《生命的根源》（*Der Quell des Lebens*）中描述了旋轉的效果，尤其在睡前：「上床睡覺前，請順時鐘自轉。那些導致你經常失眠的固著能量，會從你的身體被拋擲出來，只留下清明和放鬆。」

和內在陽光小孩一起動一動

習題

以身體中心為軸旋轉，試驗你能旋轉多久、多快。結束時把兩手在頭上合掌，然後沿著身體中線放下兩掌至胸前，這時你會呈現某種祈禱姿勢，可讓你集中精神。

迷你版

以身體為軸心旋轉三圈。

靈感來源：克里斯・格里斯科姆。

‧扮鬼臉

用力擠出鬼臉、一邊伸出舌頭，這是調皮、快樂的內在陽光小孩表徵。愛因斯坦吐著舌頭的那張照片幾乎人人知曉，馬上令人就覺得他很可親，因為他將內在陽光小孩毫無保留地顯露出來。陽光小孩會把一切都寫在臉上，因為他不怕任何人（包括自己）直接觸及他的情感。

人的臉部有兩百條肌肉，能藉這些肌肉表達各種情緒。一張生動的臉上很容易出現皺紋，你可以先做個鬼臉，讓皺紋清楚顯現，接著放鬆臉部，這樣的練習可讓你的表情更加豐富。「臉部塑造」（Faceforming）或是「臉部瑜珈」（Gesichtsyoga）等理論，就是企圖達到上述效果。另外，多些臉部表情也會讓你看起來更年輕。表情是一種原始語言，在我們能

說話之前，都是藉由臉部肌肉變化與他人溝通。「人類在嬰兒時期就懂的模仿成年人，從他們的臉部表情解讀其中訊息，並與之交流。」[83]

和內在陽光小孩一起動一動

習題

鬼臉華爾滋：上網搜尋華爾滋舞曲並播放，接著搭配音樂做出適當的鬼臉。你可以在四分之三拍時在額頭擠出皺紋、或是張大嘴巴，完全看你個人喜好。

迷你版

- 伸出舌頭，然後說：「ㄌㄩせ～。」
- 鼓脹雙頰，然後把空氣從右邊擠向左邊，讓臉頰交替鼓起。
- 擠皺鼻子，扭曲全臉上半部。
- 把下巴向前伸，露出下排牙齒。
- 在額頭擠出皺紋，然後說「喔！」
- 只閉上一隻眼睛，先右邊，然後左邊。閉上哪隻眼看起來比較有趣？
- 噘起嘴來，露出你的嘟嘟嘴，把下脣像鏟子一樣突出。
- 你還能想到哪些鬼臉？想像力沒有界線！

靈感來源：嬰兒的表情能力。

‧最愛的食物

你還記得小時候最喜愛的食物嗎？加了番茄醬的義大利麵？醬汁馬鈴薯丸子？披薩還是魚肉棒？我最喜歡的食物是水煮蛋沾芥末醬，這是一道讓煮過的蛋在芥末白醬裡「游泳」的小菜，然後搭配鹽煮馬鈴薯，能和醬汁混合成美妙的滋味。小時候過生日，我可以許願中午吃什麼。因此我生日時總有蛋沾芥末醬當午餐，尤其我哥哥超恨這道菜，這讓我的生日更加美好。

人對口味的喜好和嗅覺的情況類似：它會釋放聯想記憶。最近我喝了香車葉草露（編按：香車葉草又名活血草，可搭配糖漿調製成飲料），大概從小學六年級以來就沒喝過了。突然間我重回記憶裡，站在休息廳的飲料販賣機前面。我能記起每一個細節，黑色有白點的地磚、黯淡的燈光、輕微的清潔劑氣味，還有震耳欲聾的噪音。我還記得胖胖的音樂老師狄特曼先生，他負責督導休息

83 出自德國著名學前教育專家多納塔．埃爾軒布羅矣希（Donata Elschenbroich）的著作《小腦袋的大世界》，正體中文版於二〇〇二年由新苗文化出版。

時間；還記得羅特先生，我們親切的管理員。中學最初時期的回憶，突然就被人工香車葉草露的滋味誘發出來。

和內在陽光小孩一起動一動

習題

為自己（或讓別人）烹煮一道你童年最愛的食物。能再度為你像從前一樣煮飯，也許你的母親會樂在其中（或至少幫你把過去的食譜找出來）。如果你喜歡，也可以邀請其他喜歡同一道菜的朋友們一起分享。

迷你版

做一道你最喜愛的夾心麵包，我還小的時候最喜歡的下午茶就是香腸泥塗麵包。

靈感來源：童年時期的各種口味體驗。

‧加入同好俱樂部

內在陽光小孩也會有孤單的時候嗎？這簡直難以想像！陽光小孩雖然有時喜歡獨處，但他們最喜歡和其他同伴聚在一起。我的兩個兒子都曾經歷過漫長的暑假，這中間常有一些「沒人在」的時候，他們的朋友們都外出去旅行了，因此沒有任何機會約出去玩。這真是可怕！大家聚在一起玩才有意思呀。不論溜滑板、吃冰淇淋、或是看電影，若只有一個人的話，樂趣立刻減半。

換作成年人也一樣，運動協會的廣告說：「在協會裡運動最美好。」很多事情都得在團體當中才能進行。校慶如果沒有家長會協助便辦不成；也沒有人能一個人獨自搬家。除此之外，許多研究證實，活絡的社會網絡對心理及生理健康不僅必要，還可減輕負擔及壓力[84]。

然而，現代社會已是單身至上，尤其大都市更是如此，有的人甚至不知道自家隔壁鄰居是誰。幸運的是，現在已有許多地方發起翻轉運動，把人們串聯起來，進一步追求共同生活。各種因興趣相投而建立的團體也越來越多：社區園藝、編織和手工藝俱樂部等，網路上更有無數的虛擬社團供你選擇。

84 出自約翰娜‧哈爾桐（Johanna Hartung）的著作《社會心理學》（*Sozialpsychologie*）二〇〇六年第二版修正擴充版，司圖加特，寇哈默出版社（Kohlhammer），頁一八一起。

習題

你有什麼嗜好嗎？熱衷什麼？試著加入某個俱樂部、與興趣相同的人串連，並繼續尋找下一個共同夥伴。

迷你版

認識一個你還不認識的鄰居。

靈感來源：我的大伯湯馬士·克勞爾博士（Dr. Thomas Klauer），他提醒了我社會網絡的重要性（尤其在疾病痊癒方面）。

·跳躍

我的兩個姪女都非常喜歡玩跳馬，這是從小女巫比比·布洛克斯貝爾格（Bibi Blocksberg[85]）身上獲得的靈感。大姪女雅娜扮的玩具馬叫做「薩布靈娜」，小姪女艾拉的紅棕色狐狸叫做「阿瑪迪斯」。我經常和她們一起玩，最狂野的玩法，是女孩們用捲起的被單和疊得高高的沙發椅墊築起障礙路線，我們助跑然後優雅地以伸展的馬步跳過障礙，真是樂趣無窮！

小孩子其實樂於跳過任何障礙，你還是個孩子的時候一定玩過跳房子。跳躍非常能夠提振情緒，因為這類動作都需要大幅度的張力。跳過阻礙也象徵著「超越生命中的任何阻擋」，需要堅定的決心及力量，必須正確估量障礙的程度，更得知道跳過之後如何繼續前進。

我在自我管理研討課程當中，經常講述各種超越障礙的技巧。學員象徵性地築起障礙，例如要求加薪時的壓抑感、內心有何掙扎；接著自我評估這個阻礙有多高？需要幾塊積木材才堆疊得起來？你真的無法克服嗎？怎麼做才能讓障礙變小？你需要多少力量才跳得過去？做到何種程度才算壯烈失敗？第一步該怎麼走？障礙背後的目標為何？這樣的練習相當容易理解，重點在於如何採取行動，於此同時，他們的內心陽光小孩也會甦醒過來，共同尋找解答。每個人都以這樣的方式找出個人的解決之道，學員之間也會相互協助，最後大部分的障礙都能被跨越。

和內在陽光小孩一起動一動

習題

走路時大步、小步地來回跳躍、越過障礙，縫隙和裂縫。

85 譯註：德國於一九八〇年開始播放的兒童廣播劇《比比小魔女》，主角比比是個女巫，經常和朋友們一起冒險。

迷你版

找一條鋪著石板塊的路，試著準確地踏在石板內並不要踩到線。

靈感來源：路上的行道樹根與石板路。

．毫無規矩地吃

我不知道你家裡的情況如何，但我家的孩子隨著年齡增長，有套完整的進食規則。「不要在麵包上塗厚厚的乳酪；吃脆皮奶酥蛋糕（或譯簡森蛋糕，Jensen）的時候不准剝掉酥皮；碗盤裡的飯菜全部都要吃完；多喝牛奶，對你的健康有好處。」我還是個孩子的時候，總被這些沒完沒了的規定弄得很厭煩，但長大以後，我早已將這些規則完全內化。

如果有一天這些規則都不再適用會如何？如果你整天吃東西都不需要遵守規則又會如何？我最想大吃馬鈴薯片、蘋果慕斯煎餅、甜豌豆、香草冰淇淋，如果還吃不飽，就再來兩塊厚厚的濃郁硬乳酪（不夾麵包），讓胃充分飽漲。好，我聽到你的抗議了：「這樣吃會發胖，而且一點都不健康。要是我一吃就停不下來的話怎麼辦？」由此可知，現代人的飲食早就堆疊起高高的憂慮，也難怪越來越多人開始控制日常進食，因此造成營養失調的問題。

長期嚴格控制飲食習慣甚至有個專門名詞「節制進食」（restrained eating）。我已屆更年期的朋友安娜從自己身上發現，她幾十年來都在控制進食，當她終於勇敢地放棄這些規定，開始吃她想吃的食物之後，猜猜看發生什麼事？什麼都沒發生！至少沒什麼壞事出現。

起初她多吃了些巧克力和冰淇淋，也稍微發胖，接著一切都穩定下來。安娜從中獲得的啟示是，她再也不必花腦筋去計算卡路里、纖維質和反式脂肪，因此她可以充分吸收／釋放能量，感覺身體也變得比較好。她的個人經驗已有相關研究佐證：節制進食者，尤其是控管嚴格的人，會喪失對飢餓和飽腹的感覺，因為他們訓練自己忽略身體的訊號，因此容易罹患進食失調症[86]，由此看來，進行相關的「倒轉訓練」有其必要。

我們必須重新**向孩子們學習如何直覺地進食**。在以幼童為對象的研究當中，研究人員克拉拉・戴維斯（Clara Davis）發現，如果幼童能在蘋果、麵包、乳酪等食物之間自行決定，長期下來他們的營養攝取將會非常均衡[87]。

86 出自佛克・普德（Volker Pudel）、諾爾・柏特茂斯（Norbert Maus）一九九〇年的報告《營養》（*Ernährung*），收錄於拉爾夫・史瓦策（Ralf Schwarzer）的《健康心理學，教學用書》（*Gesundheitspsychologie. Ein Lehrbuch*），哥廷根，霍葛雷佛出版社（Hogrefe），頁一五一～一六七。

87 出自吉瑟拉・葛尼曲（Gisla Gniech）一九九五年的著作《飲食與心理：關於飢餓與飽足，享樂與文化》（*Essen und Psyche. Über Hunger und Sattheit, Genuss und Kultur*），柏林，史普林格出版社（Springer），頁一六九。

和內在陽光小孩一起動一動

習題

找一天把所有的飲食規範丟一邊。如果你有胃口，可以早餐喝湯、中餐吃巧克力、晚上吃漢堡加薯條。試著觀察自己心情如何，是否變得比較好？比較壞？還是沒有差別？

迷你版

只選定一天當中某一餐，憑直覺選擇你想吃的食物。

靈感來源：我的朋友安娜。

・用力跺腳

人在叛逆時最直接的表達方式，就是生氣或是狂怒地跺腳。而跺腳行為就是語帶強調地說：「我現在就要。」或是「我現在不要。」就連原本開朗的陽光小孩，偶爾也會憤怒地跺腳，因為他們想證明自己在世界上占有一席之地。

我的教女莉莉四歲時，儼然是個跺腳大師。她喜歡像頭小象一樣，憤怒地把地毯高高踹起，用盡全部肺活量大叫：「你們是蠢蛋！你們都是笨蛋！」我總是混雜著生氣和敬佩的情緒觀察她的行為，同時暗自慶幸自己不必教養她，這是她父母親該負責的事。跺腳是一種宣揚自我主張的力量、可使意志具體化。身體從雙腳挺直，你堅定地站在世界上，接著大聲說出明確的宣言。

和內在陽光小孩一起動一動

習題

如果你需要為某個計畫提供助力，可以利用自我主張的力量，為某件你預定去做卻不知怎地一再受阻的事打破僵局。這個小練習如下進行：

首先在心裡想著你的（小）企畫。接著踏出一步、用力一跺，一邊說：「我就是要這麼做！」然後再踏一步、用力跺腳，一邊說：「我一定可以！」最後再踏一步、再跺一次腳：「我絕對辦得到！」之後閉上眼睛，讓跺腳的效應慢慢發揮。接著自問：「我現在覺得我的企畫案如何？我該從何處著手？」

迷你版

以小步伐跺腳一分鐘並向前移動。然後停下來，感覺力量從雙腳湧向身體其他部分。

靈感來源：全世界所有的頑固分子。

・白日夢專家

我從小就是個天生的白日夢專家，直到今日依然具備這項能力。我可以自由地在各種想法和內在圖像間打轉——我的思緒總是飄得遠遠的，因此我屬於那種有人突然出現在眼前，就會被嚇得半死的那種。例如我在切完胡蘿蔔之後站在廚房裡，我先生不期然地走進來，我會被驚嚇到大聲尖叫。我的朋友碧爾姬特也很常在我眼前晃來晃去，大聲問我：「哈囉，有人在家嗎？」我的確是在那片刻完全走神。

在學校裡，這種能力讓我做過一些美好的白日夢，但也常造成困擾。因為我無法集中精神，還為此困擾了好一陣子，直到我得知**白日夢其實是種處理訊息的正常形態**為止。此外，大白天做夢的出神狀態，其實有益於精神恢復，這麼說來，多做白日夢其實也不是什麼壞事，對吧？

我們就是在白天做夢，
雙眼睜開，在酒吧裡，工作的時候，在地鐵裡。
我們隨處做夢，
在我們以為夢想會實現的地方。

——白日夢樂團（Tagträumer[88]）的歌曲《白日夢》（*Tagträumen*）

和內在陽光小孩一起動一動

習題

正大光明地做白日夢。在家躺到沙發（或躺床上），盯著天花板、讓念頭來來去去。好點子通常都會從白日夢中誕生，因此你也得準備好紙筆，隨時抓住各種靈感。白日夢也是小睡片刻的良好替代品，即使沒有真正睡著也可讓腦子休息。

迷你版

允許自己進入五分鐘左右的迷你白日夢時間。工作心理學家發現，有系統地進行短暫休息的人，可避免心理疲憊、提高工作效率[89]。

靈感來源：所有做著白日夢逃離無聊課程的孩子們。

88 譯註：成立於二〇一二年的奧地利流行樂團。

89 出自卡琳・喬矣珂（Karin Joiko）、馬丁・史茂德（Martin Schmauder）、葛楚德・伍爾夫（Gertrud Wolff）的著作《職業生活當中的心理負擔及應力。認知—塑造》（*Psychische Belastung und Beanspruchung im Berufsleben. Erkennen - Gestalten*）二〇〇八年第四版，德國聯邦勞動保護及醫療署（Bundesanstalt für Arbeitsschutz und Arbeitsmedizin）出版。

‧媽咪，抱一下

有時我會突然很傷心、心裡空蕩蕩的，或是覺得受傷，這時我就會偷偷地想：「好想回家找媽媽。」唉呀，我都幾歲的人了，真是不害臊！於是我只好重覆著自憐自艾的情緒，在內心號啕大哭。我內在的陽光小孩認真企盼有個母親來照顧、安慰我，向我保證一切都會回復正軌。

我當然知道這一切有多荒謬。我母親今年都七十七歲了，要是我坐到她懷裡，不把她壓扁才怪！此外，我渴望的是比較理想化的原始母親內在形象，一個熱心、隨傳隨到的媽媽，滿腦子只想著一件事：安慰孩子、讓孩子幸福。每個人的內在陽光小孩，都期望能有個陽光媽媽就近照料，那麼，當我們需要母性能量，而現實中的母親不再隨傳隨到，該怎麼辦？我們可以拜託伴侶：「可以請你抱緊我一下，安慰我嗎？」、「可以麻煩你幫我泡杯茶，準備熱水袋嗎？」或是我們可以當自己的母親，為自己準備最愛吃的食物，或是安慰自己說：「好啦，親愛的，現在上床睡覺吧。好好窩進被子裡睡一覺。明天醒來全世界又完全不一樣了。」

和內在陽光小孩一起動一動

習題

為身處「乾燥狀態」的你（也就是當你冷靜自持、沒有嚎啕大哭的時候）準備一張母親關愛行動表。問問自己，做些什麼最能讓你覺得受到良好的照顧？為你煮鍋麥糊？洗個熱呼呼的泡泡澡？日後當你偶爾需要母性能量，就把這張表拿出來，從上頭找幾個能讓你感到舒適的事來做。

迷你版

就算沒有任何理由（即使你一點都不難過），也刻意來一回小小的母親關愛行動。

靈感來源：全天下所有的媽媽。

・尋找童年的氣味

我那可親、幽默的孟妮卡阿姨有一瓶鈴蘭香水，那股氣味直到今天還停留在我鼻尖，而且和一種快樂嬉戲的感覺結合在一起。每當孟妮卡阿姨前來拜訪，都會為孩子們準備遊戲點子：拿一大疊紙建造通道玩傳話遊戲，或是拿來揉搓——那股特殊氣味同樣留存在我內心的鼻子上。

氣味是通往童年最快速的道路，可能因為聞嗅神經直通腦部。處理嗅覺訊息的腦部區域叫做Bulbus olfactorius，也就是「嗅球」的意思，大約位在鼻子上方、大腦皮層前葉下方。

每次聞到剛出爐的脆皮奶酥蛋糕，我就會立刻回到四歲那一年，站在我那住在薩爾布魯根外婆的廚房裡，耳邊彷彿還能聽見她的聲音，並清楚看見光線從哪一側照進廚房。更棒的是，每當蛋糕剛出爐，我總是可以先嚐到蛋糕邊，因為外婆會優先把多餘的邊緣切掉，貪吃的我當然不會錯過，那滋味真是好！

我那住在路德維希堡（Ludwigsburg）的祖母習慣把遊戲抽屜放入洗衣櫃下方，她會把馬雅香料肥皂放在熨好的桌巾和毛巾之間，剛洗好的衣物香和肥皂的香氣融合，散發出一絲神祕的東方氣息。這種特殊的香氣存在於我的內在體驗中，和打開遊戲抽屜時的期待相互重疊。

當然也有沒那麼美好的嗅覺經驗。體育館的霉味會讓我想起不舒服的回憶，我立刻就會察覺那種卑微感，當時我總是最後被挑進躲避球隊的，甚至還排在某個胖胖的、沒什麼運動細胞的同學後面，這讓我有點不甘心。

香味能讓我們複習一部分的童年，包括最美好以及不那麼美好的記憶。身為陽光小孩，當然要以正面的記憶為主。

和內在陽光小孩一起動一動

習題

列出一張童年幸福氣味清單，好比：剛除草過的草坪、夏天雨後的柏油路面、鬆餅的香氣、蘋果香氣洗髮精，下次有機會時，你可以刻意去聞一聞，然後陶醉在回憶裡。

迷你版

方法同上，但只須找出一種童年氣味即可。

靈感來源：馬雅香料肥皂和其他多種香味。

・唱首歌

我已經不再唱歌了，但過去的我很喜歡一展歌喉，也熟悉很多曲子。我還是孩子的時候，總會和母親唱些兒歌，好比《我所有的小鴨》。後來也唱遠足歌曲及廚房歌曲，例如《潺潺河邊的磨坊嘎嘎作響》，或是《一隻狗狗跑進廚房》。青少年時期，我學會唱些典型的營火曲子，如《鄉村小路》（*Country Road*），甚至還會用吉他彈一段。然後酷酷的八〇年代來臨，我頂多只輕聲哼歌，在優雅的矜持當中唱和著治療樂團（The Cure）的《男孩不哭》（*Boys don't cry*）。如今我總一再嘗試，小心地跟著收音機傳出的歌曲唱歌，卻沒有獲得掌聲，只有家人一貫的訕笑。我為此感到不安，寧可不再大聲唱歌。

我內在的陽光小孩為此生起悶氣，因為他很愛唱歌。但顯然不只我有這種障礙，每當我在研討課上要求學員唱歌，總會引發不小的騷動。我總要求所有的學員分散在教室裡，閉上眼睛，我會逐一走過每個學員面前，並大聲宣布：「我馬上就會碰某個人的肩膀，請這個人唱一首歌。」大家都為此緊張不已，可見光是想像「馬上唱歌給別人聽」這件事有多讓人心慌。

有人唱歌的地方就住下來吧，
壞人不會唱歌。

——民間智慧

這其實很可惜，唱歌可帶來許多樂趣。就像發笑一樣，唱歌也具備許多促進健康的效果：例如加深呼吸、改善身體氧氣供應、強化背部肌肉、增強免疫力並提振情緒。在合唱團裡唱歌的人，也得學著如何和其他人和諧共鳴，藉此學習團隊精神、達到社會化的效果。此外，唱歌也有精神上的理由：可和上帝產生連結。這些都是重新開始唱歌，讓歌曲回到日常生活的好理由。

和內在陽光小孩一起動一動

習題

- 洗澡時在蓮蓬頭下大聲唱歌。
- 在汽車裡把音樂聲調大，跟著一起唱。

・參加合唱團或是吟詠班。

・和孩子練習一首雙人對唱歌曲，在下一次家族聚會時上臺表演。

・和同事一起去卡拉ＯＫ。

・在網路上找幾首你熟悉的兒歌，從頭唱到尾。

靈感來源：老祖宗的智慧，也許人類自有紀錄以來就會唱歌。

・第一次

只有兒童和青少年擁有「第一次」的特權，以完全懵懂的狀態經歷許多事物。例如第一次吃嬰兒食品、第一次過耶誕節、第一次寫下拼音字母、第一次獨自留在家裡、第一次看電影——伴隨著諸如刺激、屏息、嶄新等感受。做爸媽的特別喜愛陪孩子經歷種種的第一次，例如他們說出的第一個字、跨出的第一步、第一次騎腳踏車，或是第一天上學，而且要用相機留存。這些的確都是特別的時刻，訴說著孩子穿越了生命的各個里程碑。

當人們越年長，「第一次」的機會就越少。我們已經體驗、嘗試許多，並逐漸將之視為例行公事，甚至越發遲鈍。但偏偏我們又害怕做些新奇的事，好比人們堅守討厭的職位，只因為懶得重新尋找方向；或者我們不敢換個度假的地點，因為不知道自己是否會同樣喜歡其他地方。現代社會尤其需要適應變化的能力，許多專為領導階層開設的「變化能力」課程就是最直接的證據。面對、甚至追求新事物也能協助人們保持年輕。

我和朋友貝阿特打算每年至少嘗試一件從未做過的事。有一年我第一次跟她一起去足球場，結果出乎意料地好玩，我很喜歡那裡熱烈的氣氛；隔年我們參加了肚皮舞課程，這才發現這種違反人體工學的技能非常困難；今年我們計畫去觀賞男性脫衣舞團齊朋戴爾斯的演出，猜猜看我們是否能辦到？

和內在陽光小孩一起動一動

習題

找一件你未曾做過的事，然後貫徹始終，以這樣的方式為自己重新創造「第一次」。

迷你版

列出對你有吸引力，但（至今仍）不敢去做的事，先寫下來就好。

靈感來源：每年做些新鮮事的點子，來自我的朋友貝阿特。

・創作日常藝術品

我的小兒子里歐在家中廚房的水龍頭上罩了一個草莓小帽，我想這個點子來自他對藝術的原始需求。人不只想被有用的東西包圍，有時還需要些無用和荒謬的事物。

著名的德國行為藝術家約瑟夫．博伊斯（Joseph Beuys）曾說「每個人都是藝術家」，任何一個人都會對周圍的世界產生影響，進而形塑整體社會的樣貌。由此可知，我們每個人內在都藏著一個藝術家，透過不斷打造個人的需求，將美帶進這個世界。

過去我到加爾達湖（Gardasee）畔度假的時候，發現了一些石頭堆成的小塔，這是某些無所事事的遊客做的。他們的作品啟發了我和孩子的創作本能，我們開始在穿過樹林和草地的散步路徑上做些藝術創作。我和孩子會分頭蒐集掉落的樹枝、石頭或是樹皮，然後在地上做出馬賽克圖樣——諸如星辰、四角形和三角形。

我的小兒子更喜歡往高處發展，他會在樹椿之間搭建起橋

樑。這些即興的路邊創作吸引了不少行人關注及參與，產生貨真價實的「藝術對話」。從細微之處留心，你一定能從周圍環境中取材，創造一些小小的日常藝術品。

和內在陽光小孩一起動一動

習題

把握任何創作機會，從周遭環境中製造日常藝術品，例如用地上的落葉排出一張臉、堆起石頭塔等。

迷你版

想想自己能如何創造一件日常藝術品，先在腦中想像就好。

靈感來源：人類對於藝術的原始需求。

·詩與韻

慕—勒家燒—起來啊，燒、燒、燒起來，
我跑過去啊，跑、跑、跑過去，
來了個警察啊，警、警、警察，
把我的名字寫到表上，表、表、表上，
名單掉進垃圾堆，垃、垃、垃圾堆，
我的名—字就沒、沒、沒啦，
我快速跑回家、家、家啊，
故事就完結—結—結啦。

——拍手詩

我們的陽光小孩喜歡讀詩、熱愛韻腳，就像保羅・瑪爾（Paul Maar）筆下的三姆斯（Sams）[90]，

90 譯註：瑪爾是德國童書作家，也是插畫家、電影及劇場劇本作家。三姆斯是他的系列童書的主角，不知是男生還是女生，有著紅色的亂髮，還有個長鼻子和滿臉藍色的痣、青蛙腳，以及圓滾滾的肚子。

把詩句的末字疊成韻腳，就能逃離灰色的日常生活。例如聽到大兒子卡羅唸著押韻詩回家，我立刻從腦袋的閣樓中挖出了本節開頭的那首拍手詩。

前文提過我的朋友彼得，他的本業是個六十歲的家庭律師，除了變魔術（見第一四〇頁）之外，他平時也喜歡寫詩給自己的內在陽光小孩，好讓彼此更親近。他習慣把所有經歷寫成詩，或以押韻的形式寫報告，他還會把這些作品寄給我們，我很喜歡他充滿生命喜悅和熱情的文字。任何押韻的東西都很容易埋進記憶裡，罹患癡呆症的人，往往還能背出一些從前讀過的詩及歌詞，可見押韻的力量實在驚人。

和內在陽光小孩一起動一動

習題

第一種方式：從一個字開始，然後找出押韻的字，例如「虱子－石子－獅子」再接續下去。如果你尋找解決問題的創意技巧，可先從一個問題的字眼開始。例如「恨（為何）－痕（如何才能無痕）」。

下一步你自問：我找出的這些押韻字眼如何協助我解決問題？以下就用上述的第一個押韻字衍生出的字眼「為何？」當例子。「為何？」是疑問詞，也許必須先問「有恨的人為何而恨？」你可以藉由尋找韻腳的方式持續發想，讓自己驚喜一下，看看是否能針對你的主題浮現出新的想法，或是找出問題所在。

第二種方式：試著以統一的韻腳描述日常生活發生的事（尤其是苦惱的事），例如當你必須刷洗燒得焦黑的平底鍋時，試著把這件事編成韻腳詩。

迷你版

回憶一首押韻童歌、拍手詩，或是在學校學的童詩，可從幼稚園的詩歌、相簿中尋找。

靈感來源：我的朋友彼得和三姆斯。

・惡搞名字

「湯姆寶貝」、「優爾・噗爾」這是學校同學替我取的綽號，我的名字其實根本很難有惡搞的空間。克勞斯就比較適合，例如曾經有人用他的名字開玩笑：「克勞斯小鼠回家去」（Der Klausi-Mausi geht nach Hausi）。小孩子喜歡用名字玩遊戲、取綽號，目的是把對方的名字記牢。這些綽號也往往描述了一個人的性格。例如我從前的夏爾夫（Scharf，原意為「辣、嚴苛」）老師，就被學生暱稱為「夏菲」（Schafi，羔羊的暱稱），他非常友善，像隻可親的羔羊，就連班上最調皮的惡霸都不曾以大野狼的姿態對待他，因為大家都感覺得到他是真的喜歡我們。

大家聽到「波力」這個名字的時候，會聯想到什麼特質？沒錯！一個圓滾滾、充滿暴戾之氣的年輕人。下課休息的時候大家都得小心地避開他，以防他「啵」地一聲跳起來揍人。

和內在陽光小孩一起動一動

習題

第一種方式：記住對方的名字，替他們想一些綽號。最有效的方式就是從對方的特點下手，好比「長鼻子的約翰」。你越是集中精神替他人發想綽號，就越容易記住他們的名字。

第二種方式：卸下某人的防備及武裝，就像拆除炸彈的引信一樣。方法如下：假設你情緒多變的主管叫「慕勒」，那麼不妨私底下叫他「小慕勒」。等他下回發作時，你就想著：「哎，小慕勒，今天又怎麼了？」你會暗自在心裡微笑，對方的壞心情就不那麼容易嚇倒你。如此一來，便能有效降低一些負面能量，避免炸彈引爆。

迷你版

幾乎每個人都有或曾有綽號，詢問你的同事或朋友。有時會聽到意想不到的故事。

靈感來源：我校園生活裡的每一個人。

・問候對方的內在陽光小孩

發現自己內在的陽光小孩還不夠，你得替他再找個伴，否則他一定他一天到晚抱怨：「我好無聊。」但這真有些棘手，成年人如何找另一個大人一起玩耍？你可以發出邀請，不論是一個簡單的微笑、說個笑話、舉辦遊戲之夜、用出人意表的方式演唱一首歌。

我曾拜訪過我的朋友克勞斯，他習慣整個早上都開著收音機，通常我們其中一人會帶頭開始跳舞，其他人則依序加入。吃早餐的時候還有個小小的「早安團體搖擺舞」，內在陽光小孩的能量便在這時散播開來，開始新的一天。

除此之外，意識到他人內在有個陽光小孩也是很大的幫助，這會使你更容易看見對方的純真。我曾在火車上和一個老先生聊天，我們先在桌邊看到一個大約七歲的小男生，他和他的兄弟兩人大聲敲擊玩具小汽車，彷彿四重奏。這應該是引發那位老先生告訴我他童年搗蛋小故事的契機。當時他七十多歲的眼中發出鯊魚般的銳利光芒，彷彿返老還童一般。

和內在陽光小孩一起動一動

習題

想出一個能加強內在陽光小孩活力的方法，好比穿滑輪鞋上街，然後問問你認識的人，是否有興趣陪你一起出門。如果想鼓舞他們的內心陽光小孩，你可以額外替每個人準備冰淇淋、巧克力塊，或是給每個人帶一支棒棒糖。

迷你版

刻意誇讚他人內在的陽光小孩，就像印度教徒會以合掌微躬身問候他人Namasté，意思是「我讚美你內在的神性」。如果可以，你在問後其他人的時候，也向他們內在的陽光小孩問好。你可以說：「嗨，親愛的陽光小孩，你在這裡真好。」你也可以私下這麼做，在正式的問候：「早安，史密茲太太。」之外，心裡想著：「我問候妳心中的陽光小孩。」作家珍妮·羅蘭（Jeanne Ruland）寫了一本全是祝福語的書《祝福的力量》（*Die Kraft der Segnung*），她深信可透過祝福喚出相應的能量。讓自己驚喜一下，看是否能喚醒他人的陽光小孩能量。

靈感來源：人與人之間因互動形成的「我們的空間」；祝福的想法來自珍妮·羅蘭。

・和孩子一起玩

孩子能徹底沉浸在遊戲裡，不論堆樂高、把玩些什麼，或是扮家家酒，過程中完全不受干擾。最近我和姪女一起創作，我們用閃亮膠、小紙板和舊報紙做貼畫。起初我的心思完全被遊戲占據，但當第一個張完成之後，我開始想到還要這個月的帳目還沒整理。立刻就被五歲的雅娜逮個正著：「妳根本一點都不專心。」

這難道不是成年人想從冥想中學到的嗎？學習集中精神而且專注，注意念頭何時開小差。知名的瑞士教育學家佩爾．阿朋（Pär Ahlbom）也強調，**遊戲和學習並不衝突，若把學習以遊戲的方式呈現，人們會特別專心**、覺得一切都沒問題。看到這裡，大家應該已有充分的理由重拾遊戲了吧？最好能和真正的「玩家」一起同樂，也就是孩子們。

和內在陽光小孩一起動一動

習題

和孩子沉浸在遊戲裡，找個你覺得很容易一起玩的遊戲（而不是你覺得簡單的遊戲）。接著把你的同伴（即孩子）當作楷模，試著像他們一樣沉浸其中。

迷你版

和孩子玩個不需要任何材料的遊戲，例如：「我看得到，

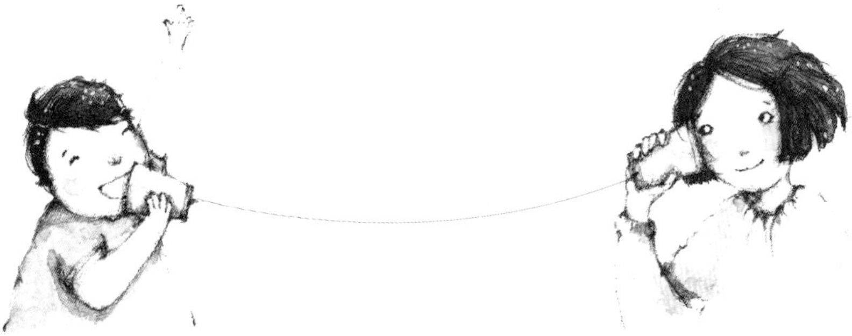

但你看不到的是……。」（編按：此為由其中一方鎖定環境中的某樣事物，並逐步描述該事物的特徵作為線索，讓對方猜出謎底。）

靈感來源：嬉戲的孩子們。

・胖肚子別害羞

「看看我胖胖的肚子。」我的小姪女艾拉站在我面前，把她圓鼓鼓、看起來胖乎乎的肚子挺給我看。孩子們都喜歡自己的肚子，成年人卻視大肚腩為天敵。我們的理想是結實的六塊肌腹部，但地球上哪個人類天生就擁有這種腹部呢？

先不論外觀是否符合眾人的審美觀，肚子是感覺和直覺的關鍵所在，如果放任肚皮過度鼓脹，人在情緒上也會較為緊繃。深沉的腹式呼吸可帶給我們平靜。「將注意力集中在腹部，緊繃和糾結的情緒就會跟著消失，讓人能以愉快的方式處理日常生活事務。」[91]因此我非常鼓勵大家正面看待我們的腹部，別再以負面的形容詞（例如「臃腫的」）批評它，更無須隨時縮緊小腹，而是讓呼吸深入至腹部，並輕輕撫摸它，相信它會是你能量及活力的來源。

和內在陽光小孩一起動一動

習題

第一種方式：兒童天生就會將呼吸深入至腹部，尤其在他們放鬆以及覺得舒服的時候。如果你想試試看那是什麼感覺，可把眼睛閉上，再將手放到腹部，觀察腹部如何隨著呼吸輕微起伏。呼吸七次後加強呼吸：吸氣時刻意把氣吸進腹部，使腹部像顆氣球一樣鼓起；呼氣時再把腹部收進來，同樣操作七次。然後撫摸你的肚子，看看心情有什麼改變。

第二種方式：來自昆達里尼瑜珈（Kundalini Yoga）的呼吸技巧，又稱「太陽呼吸」或「火呼吸」，可有效提振精神。以鼻子吸氣和呼氣，大約每秒鐘進行一次吸氣和呼氣（這個速度相當快，可慢慢嘗試），並讓胸腔保持平緩。要點在於**吸氣時推出腹部；呼氣的時候把腹部收進來**。你可以把手放在肚子上，感覺腹部像個鼓風袋一樣，鼓脹然後收縮。

迷你版

做一次完整的深呼吸，首先將胸腔上端充滿空氣，然後感覺空氣進入上身中段、充滿背部，最後再往下至腹部。

91 出自珍・休士頓一九八四年出版的著作《可能的人，人類潛能發展手冊》，頁四十一。

靈感來源：麗莎・薩拉索赫（Lisa Sarasohn）二〇〇六年的著作《女人肚臍書：找出你真正的中心以獲得更多能量、信心及歡愉》（*The woman's belly book. Finding your true center for more energy, confidence and pleasure*）。

・參加團隊運動

我先生加入了一支休閒足球隊，每個星期天他會與其他幼稚園的爸爸及孩子們一起踢球。每到這個時候，我就會看見他的內在陽光小孩。我偶爾會觀賞他們玩球，表面上是替那些小男孩和小女孩加油，其實我更想觀察這些「老小孩們」如何彼此挑釁、爭踢每一球；他們會在進球得分時高興得跳起來，表現得熱切而忘我。比賽結束後，我先生總是滿身大汗又愉快地回家。

團隊運動的刺激之處在於充滿不確定性，你必須迅速反應，因此常招來無數的歡笑和尖叫。這些都會讓你的內在陽光小孩興奮不已。

和內在陽光小孩一起動一動

習題

到運動協會看看招生課表：排球、手球、足球、曲棍球、棒球……你是否仍然有興趣參加團隊運動？

迷你版

找出你有興趣的運動隊伍，記錄他們何時練習、與他人比賽，然後前往觀看。

靈感來源：德國體育協會。

．我喜歡我自己

我的小兒子里歐三歲時，有天早晨起床（兩頰留著睡痕、卷髮亂翹），他忽然沒來由地說：「媽媽，我好喜歡我自己。」他能這麼能接受自己讓我非常感動。「我覺得棒透了。」我這麼回答他。這讓我想起接受神經語言程序訓練時，我也曾做過「我喜歡我自己」的練習。我們擁抱自己、對自己說：「我最喜歡自己。」訓練師要求我們大聲說出來，並發自內心這麼認為。克服羞怯之後，**我重新接受了自我，那是個超乎尋常且非常美好的體驗。**

從內在和自己和解，是任何改變之前的先決條件。在自我接受之前，你只會繼續抵制自己，下意識的認為自己不值得變好。難怪「情緒平和技巧」（簡稱EFT[92]）在每次進行新的干預前，都得先讓受測者完成根本調適。具體做法是用手輕拍另一手的掌緣，然後說：「即使我因○○受苦，我依然完全愛我、接受我自己。」對很多人來說，光是說出這樣的句子就是個大挑戰，他們的說詞是：「我不能這麼說，我根本不愛也不接受我自己。」通常必須經過一些探索，才能找到正確的自我接受句子，或許是：「即使我有○○的問題，我還是非常OK的。」

和內在陽光小孩一起動一動

習題

到一個讓你覺得舒服的地方，用手環抱自己，先在心裡說：「我喜歡我自己。」接著大聲說出來。如果你覺得這樣有點困難，不妨想想內在陽光小孩，試著對他說：「我喜歡你。」

迷你版

完成某項任務之後立刻肯定自己，你可以拍拍自己的肩膀，一邊想著：「幹得好！」

靈感來源：我的神經語言程序訓練師坤竇・庫闕拉。

・訓練你的舌頭

「我的舌頭可以碰到鼻子，你們看。」我兒子的朋友阿本真的辦得到，但只有在他用手指把鼻頭往下壓的時候。他整張小臉都緊繃起來，而且聚精會神，那模樣真是可愛。我忍不住咧嘴一笑，但阿本好像有點不開心，我應該對他的成就表達敬意才對。於是我趕緊補了一句：「天啊！真厲害！我想我一定辦不到。」

伸舌頭不全然是小孩把戲，調皮的成年人也很適合。卡拉・黛安娜（Carla Diana）、愛蜜麗・巴爾茲（Emelie Baltz）和阿隆・戴爾（Arone Dyer）策畫了一項「舔多多」（Lickestra-Projekt）活動，藉此展示舌頭能辦到多少事，好比製造音樂。舔多多的音樂家們站在箱子裡，只有頭部能自由活動，他們的頭部前方有個裝了香草冰淇淋的捲筒。舌頭每次接觸香草冰淇淋，就會引發電子聲響，音調、音色和旋律更會隨著音樂家舔冰淇淋的方式改變（見下方連結）。

舌頭是感覺器官，同時也是極為強壯的肌肉、活動性高且極度靈敏。舌頭可發出聲響、品嚐味道和食物，我們也用舌頭吸食和吞嚥。若舌頭變得太鬆弛，人說起話來就會口齒不清、吞嚥不正確；但舌頭若是太緊繃，也會導致齒

「舔多多」的音樂冰淇淋

92 EFT為Emotional Freedom Techniques的省稱，是種來自活力心理學（Energetische Psychologie）的治療概念。

列變形。大家平常可以練習用舌尖頂著上顎，讓舌尖底部正好接觸犬齒內側，這麼做除了有助於增加舌頭的靈活度，還有集中心神的效果；訓練過後你更會神奇地覺得放鬆，因為此活動非常俏皮，你的陽光小孩一定會參與。

和內在陽光小孩一起動一動

習題

1. 將舌頭依順時鐘方向轉動，大約七次，然後換方向。
2. 試著用舌頭舔鼻尖，接著再用舌頭舔下巴。
3. 用舌頭鼓起你的臉頰：先右邊、再左邊。
4. 飛快地唸首繞口令：「吃葡萄不吐葡萄皮」或是「四十四隻石獅子」。
5. 最後左右晃動下巴，感覺下巴部位的緊繃漸漸鬆解開來。
6. 若想集中精神，可以輕輕地把舌尖抵著上顎。

迷你版

短暫來回活動下巴，讓下頦肌肉因此放鬆。

靈感來源：我的神經語言程序訓練師蘿絲瑪莉．林德納。

・重遊童年最愛的地點

我朋友的十七歲兒子馬克斯，有天問他媽媽：「媽媽，我們可不可以再去一次鐵道博物館？我小時候最喜歡那裡。」找出過去最喜愛的地方、重溫回憶，這種來自陽光小孩的需求，顯然從青少年時期就有了。

馬克斯的請求帶給我很大的啟發，若換成是我，我會想去哪裡？動物園？從前蓋了間小茅屋的樹林？不過最好還是能再訪布盧門塔爾（Blumenthal），不知是否仍有營業？布盧門塔爾是我小時候最愛去的街角雜貨店，裡頭塞滿玩具、文具和香菸。我至今仍清楚記得那裡的氣味，還有祖母給我十塊錢，當我走進店裡，頓時覺得自己成了億萬富翁的那種感覺。我應該買厚厚的筆記本、還是故事書，或是買個布娃娃呢？布盧門塔爾對我而言就是人間天堂。你記憶裡也有這樣的地方嗎？是否依然存在呢？試著找出答案吧！

和內在陽光小孩一起動一動

習題

重新造訪你童年最愛的地點。在樹林裡？在馬廄裡？游泳池？田裡？看看那裡現在還剩下什麼。如果你喜歡，也可以邀請他人陪你一同前往。要注意的是，你得先做好那個地點已經完全改變的心理準備，一方面可能是因為這幾年間經過建築和整修，另一方面可能因為你的視角已然改變，小時候覺得無比巨大的建築物或擺設，在成年人眼中會縮小許多。

迷你版

查查谷歌地圖，看看那個地點是否依然存在，現在看起來是什麼樣子。

靈感來源：位於聖奧古斯丁—漢格拉爾（St. Augustin-Hangelar）的布盧門塔爾，以及馬克斯。

．專注在當下

你的陽光小孩既不擔心未來、也不為過往憂傷，他具備活在當下的能力。要是你發現自己這一刻正擔心未來，或是因錯失良機而感到遺憾，趕快對自己說：「停！」這種技巧也在心理學上稱為「心念中止」，可用來中斷討厭的想法。當你停止負面思考後，就能專注在當下，然後找出當下的七個正面觀點。

例如：我正在寫這本書的手稿，但我接著開始煩惱這本書夠不夠好。「停！」停止負面思考後，我開始尋找周圍有哪七件正面的事物：一、外頭有鳥兒正愉悅地鳴叫；二、光與影在雲間嬉戲；三、我吃得飽飽，不受飢餓所苦；四、我喜歡我香水的氣味；五、我先生在隔壁房間打電話，聽到他的聲音真好；六、我的腳套在羊毛襪裡，溫暖舒適；七、我嘴裡還殘留一點點早晨的咖啡味，這滋味真棒。

和內在陽光小孩一起動一動

習題

找出一天，讓自己完全活在當下。喊完暫停之後，列出你在這一刻可透過感官察覺的七件事：看、聽、碰觸、聞嗅、品味等方面皆可。你無須替每一種感官列出實際形象，只要能清楚感知它們的即可。

迷你版

在當下暫停無法再簡化。

靈感來源：專注力講師喬・卡巴金（Jon Kabat-Zinn）的著作《在日常生活當中找到寧靜：為了健康生活而冥想》（*Im Alltag Ruhe finden. Meditationen für ein gesundes Leben*）二〇一〇年第五版。

▪說故事

「說故事」（Storytelling）是種和這個世界一樣古老的藝術，最近在我的職業領域、進修和訓練業界，這件事突然重新流行起來。每個優秀的經理人都會說些吸引人的故事；每個公司都需要自己的傳奇。陽光小孩也喜歡說故事，尤其是他們既陌生同時又熟悉的故事，可以引導所有感官進入另一個世界，無比緊張，卻又有個好結局。

我家有個原創的「泰迪熊故事」。我的母親讓我們的泰迪熊經歷種種冒險考驗。泰迪是我家的小熊維尼、派丁頓熊（Paddington bear），他大膽、有點健忘，但總能平安歷險歸來。這些冒險很貼近我們的實際經驗：到法國度假時，泰迪走進一家法國餐廳吃蝸牛，但他不知道要先把蝸牛從殼裡拉出來，於是嘴裡塞滿了蝸牛。我們非得去看牙醫，泰迪早就接受完整檢查，沒有狠狠地咬醫生的手指。

和內在陽光小孩一起動一動

習題

為你喜歡的某個人（或為自己）編一個成功解決問題的故事，然後告訴對方。怎麼做才能編出一個解決問題的故事？首先你必須先得知問題為何。為了找出正確的敘述標的，最好以聯想的方式進行。例如：你想著問題A的時候，會想到什麼譬喻？它讓你聯想到什麼？發現盤尼西林的亞歷山大．弗萊明（Alexander Fleming）？想到你的貓？想到阿斯泰利克斯和奧貝利克斯（編按：Asterix & Obelix，西歐著名漫畫《阿斯泰利克斯歷險記》〔《高盧英雄傳》〕的兩位主角）？再想得廣泛一些，然後編出一個故事，這個故事至少要能回答下列問題：

- 發生了什麼事？解決問題的故事總涉及發展。
- 有誰參與其中？一個或多個人／一隻動物／一種植物／一個幻想人物就足以讓問題達到預期效果。
- 故事發生在何處與何時？故事需要條件設定，盡可能是其他人會感興趣的。
- 如何得到解答？故事中有什麼解決方案的建議？
- 找個適當的機會來敘述這個故事，開頭是：「從前從前……」或是「這讓我想到葛楚德姑媽，她曾遇到類似的問題……。」

迷你版

給另一個人建議，但並非直接了當地告訴他，而是講一個小小的「我朋友」故事，這比直接給建議顯得更尊重一些，對方可以慢慢考慮是否能從中獲得什麼，而不至於覺得被迫接受。

靈感來源：我的神經語言程序訓練師坤賓．庫闕拉。

．蒐集故事

「生命會寫出最好的故事。」有人這麼說，事實也的確如此。有些很棒的故事確實發生過。你可以蒐集很多故事，並考量你的陽光小孩是否喜歡。好比我的朋友烏莉，就蒐集了許多愛情故事。她總是等待適當的機會，然後問對方：「你們兩個究竟是怎麼認識的？怎麼走在一起的？」通常被問的人都很樂於分享述兩人之間的愛情故事，而在過程當中，述說者的語氣變得柔軟、瞳孔放大、雙頰微微發紅，戀愛的甜蜜又重新浮現。

你也可以學學童書作家克莉絲蒂娜．諾斯特林格（Christine Nöstlinger），她在撰寫《法蘭茲》系列童書和故事時，總是會蒐集許多故事並將之分門別類。好比法蘭茲的小狗故事、法蘭茲的嬰兒故事、還有法蘭茲的足球故事，這些故事都值得一讀（也適合成年讀者）[93]。

我也曾為了撰寫神經語言程序學結業報告，而大量蒐集有關成功老人／老化的故事，當我主動出擊之後，一切突然變得無比順利，有人特地從養老院打電話給我提供線索，告訴我某某人同樣有精采的人生故事，而且越活越開心等，這讓我非常感恩。

和內在陽光小孩一起動一動

習題

訂定你想知道的故事主題，有關流浪、耶誕節、馬鈴薯、書信或花朵等都可以。除此之外，你也可以設定細則，問問自己想寫哪類型的故事（好笑？緊張？富有教育意義？）接著就可以開始「故事狩獵」了。為了蒐集故事，你必須多和其他人接觸，你可以這樣開啟談話：「我目前對有關『旅行冒險』的真實故事很感興趣——你有想到什麼嗎？」接著，專心傾聽對方的故事，必要時提出問題，找出故事的深度。如果你喜歡，還可以拿本子記下關鍵字。

迷你版

下次坐火車的時候，主動和鄰座的乘客談天，請對方告訴你他要到何處旅行。

93 出自克莉絲蒂娜·諾斯特林格的《法蘭茲》系列童書，正體中文版（三本）於二〇〇四年由台灣東方出版。

靈感來源：我的朋友烏莉。

・春天、夏天、秋天還有冬天

冬天滑雪橇、秋天蒐集栗子、春天編花冠、夏天築沙灘城堡——你想到哪些季節相關的陽光小孩活動呢？我永遠不會忘記我們一家人如何從魯爾區搬到拜昂邦（Bayern）。當時搬家是在八月，十一月的時候已經下了第一場雪。竟然下雪了！這是過去在魯爾區無法體驗的場景，放眼望去盡是厚厚的白雪，早上出門前甚至得鏟雪以維持步道暢通。接著我立刻採買了厚重的雪衣、溫暖的靴子、防水的手套和雪橇，然後我們就到附近一座誰都爬得上去的山丘朝聖。對我而言，和我的孩子一起滑下那座小山峰是莫大的樂趣。

幾年之後的冬天，一月二日的晚間終於飄下了第一場雪，天氣沒有想像中冷。我先生提議做個雪人，然後其他家族成員跟著加入。沒多久的時間鄰居的小孩也出現了，她原本已經上床睡覺，卻穿著睡衣、套上雪衣跳進雪堆裡。之後我還準備了暖呼呼的（兒童）水果酒給大家喝。直到今天孩子們還常常聊起那一天。

春天、夏天、秋天和冬天是四季，不多也不少，四種不同的快樂。

——李歐・李奧尼（見第一二五頁）

和內在陽光小孩一起動一動

習題

一年四季都有不同的慶祝方式，以下是幾個補充建議：

- 在春天蒐集最初長出來的野草（例如蕁麻或蒲公英）。
- 和朋友一起藏復活節彩蛋（派出一人走在前面，沿路不斷藏起一些巧克力彩蛋，非常受小朋友歡迎）。
- 夏天去游泳池，或至湖邊、小河游泳（請見第二四九頁〈快樂戲水〉）。
- 自製冰淇淋，或是將果汁、果泥或優格放進優格杯裡冷藏。
- 在秋天蒐集栗子，用來裝飾你的窗臺。
- 在乾燥的秋天玩落葉大戰。
- 在冬天溜冰，或是穿著溜冰鞋滑過結冰的水坑。
- 在雪地裡散步，回家後喝水果酒（可以選擇是否含酒精，兒童當然不能喝酒）。

靈感來源：李歐・李奧尼的著作《佛列德瑞克》（*Frederick*）二〇一二年第九版。

・加點趣味就完成

我要特別介紹此練習的英文標題：Make it fun and it will get done，你瞧，它的韻腳押得多好。這個點子來自美國的家庭主婦顧問「飛蠅女士」（Flylady[94]），她的本名是馬拉・西利（Marla Cilley），她說人之所以不想整理東西，是因為狀況看起來糟透了，諸如：刷地板、清理房間、整理收據。內在陽光小孩會被這些瑣事煩死（又有誰喜歡了？）因此——飛蠅女士這麼說——我們必須在其中加進些東西，讓這些無聊的事情變得有趣些。

例如刷地板，她建議把擦地板的抹布綁在兩腳上，然後整個人直接在地板上滑行，之後再用同樣的方式擦乾。我試用這個方法的時候，原本對家事不是那麼熱衷的兩個兒子立即主動上前幫忙。**趣味帶給動機決定性的臨門一腳**，腦子會分泌腦內啡，這是種會讓人感覺快樂的賀爾蒙，突然之間，這些原本無限拖延的任務變得無比吸引人。

和內在陽光小孩一起動一動

習題

你可以這樣進行清理遊戲：首先刻意到處晃來晃去，把兩個用過的咖啡杯拿到廚房、丟進洗碗機裡，然後看看廚房四處，是否還有什麼該清理的。接著把留在餐桌底下的拖鞋拿到玄關的鞋櫃放好，然後從玄關繼續清理。重點在於設定目標：例如五分鐘內完成，或是規定自己在這次遊戲裡至少要整理完二十一項東西。

迷你版

在一分鐘之內盡你所能，把能整理的東西清理完畢。

靈感來源：馬拉．西利（飛蠅女士）二〇〇二年的著作《水槽反思》（*Sink Reflections*）。

．打個賭吧

「要不要打賭誰跑得比較快？」我的小兒子里歐散步時總是興趣缺缺，我的這個建議讓他瞬間轉換心情。其實不光是打賭，樂透彩或是其他類似的獎勵活動，都能將遊戲帶回生活裡。你可以用比較不受人為影響的事情（例如天氣）打賭：「要不要打賭，今天會不會下雷陣雨？」或是以個人成就來打賭：「要不要打賭，我今晚就能把這首詩流利地背出來？」不要忘了還有競爭打賭：

94 譯註：這個名字原本是西利的網路用名，因為她喜歡用飛蠅釣魚，也是「飛蠅釣術」的講師，因此自稱「飛蠅女士」。

「我敢打賭，我能比你吃下更多塊巧克力！」針對賭注討價還價也很有趣，賭錢當然是最簡單的方法，但內在陽光小孩更喜歡有創意的賭注：「你要是贏了，我就幫你做一個彩虹蛋糕。」每逢世界盃足球賽，我的朋友貝阿特就在工作的地方組織押注團。所有賽局都有人下注，然後那段期間大家每天一早就聚在一起，看看誰押中了。整個辦公室裡充滿了美好、歡樂的陽光小孩氣氛。

打賭能為日常生活帶來更多刺激，多年來德國人最喜歡的電視節目正是《打個賭吧》（*Wetten, dass...?*[95]）的。但博奕也可能讓人上癮，賭贏的時候身體會分泌大量多巴胺（神經傳導物質），你會因此無法自拔。小賭怡情，但若是發展成慣性賭博就不太妙了。

和內在陽光小孩一起動一動

習題

想一些你和你的伴侶或小孩可以一起玩的打賭遊戲。

迷你版

和自己打賭，看看自己是否能辦到某些事，這會增加你的行動力。

靈感來源：電視節目《打個賭吧》。

・烤個童年蛋糕

我小時候最喜歡的自製點心是簡森蛋糕（見第一八二頁），這是一種用薄麵皮烤製上下層杏仁酥皮、中間夾入醋栗和鮮奶油內餡的蛋糕。我一想到這種蛋糕就口水直流，這是我外婆的拿手絕活，她同時也有一大套烤蛋糕的小訣竅，例如酵母麵團有多難做、小小的醋栗果實該如何處理等。她以這樣的方式讓我對烤蛋糕這件事產生無比的「敬畏」，多年來我根本不敢放膽嘗試。

但後來我實在太渴望再吃一次新鮮現烤的簡森蛋糕，於是終於下海了。結果出乎意料地順利，尤其當我把一盒半的脆皮全撒在酵母麵團上。廚房裡的香味瞬間搭上了「重返童年」的電梯（見第一八九頁），突然間我又站在我外婆的廚房裡，滿心期待吃蛋糕，我還記得我外婆的動

95 譯註：或譯為《想挑戰嗎？》。該節目自一九八一年開播，最後一集於二〇一四年十二月播放。

作和聲音。當時外婆還在世，於是我立刻打電話給她，告訴她我成功烤出了脆皮奶酥蛋糕。她很高興，承諾會再找出當時的食譜送給我當禮物。

儘管這是個莫大的挑戰，最後我還是做出些成績，不但外型有模有樣，就連嚐起來也如同我記憶中那樣：簡直是來自天堂的美味。

和內在陽光小孩一起動一動

習題

找出你小時候最喜歡吃的蛋糕食譜（反正現在上網幾乎什麼都查得到），你或許也想問問你的母親、阿姨、祖母……她們一定會很開心。烤個童年蛋糕，然後邀請他人一起享用。

靈感來源：歐特格博士牌麵粉（編按：Dr. Oetker，德國暢銷麵粉品牌）。

▪說笑話

我還清楚記得我第一個記下來，而且可以說給別人聽的笑話。我當時大約六歲，那是個和擬聲詞有關的笑話：「兩顆豆子走上樓梯梯梯，三根胡蘿蔔飛越天空，碰上直升機機機。」——「這笑話哪有什麼什麼好笑的」？你也許這麼想。的確如此，但我還確實記得當時說笑話的感覺，我對每個遇上的人說這個笑話，當別人真的大笑出聲時，我感到多麼驕傲。

小孩子究竟從什麼時候開始會說笑話？「小孩子在幼稚園時期突然就開始會說笑話，因為他們注意到笑話具有社會功能，可以讓自己成為中心、讓別人接受自己。」這是德國文學家兼笑話研究專家史蒂芬．豪瑟（Stefan Hauser），在二〇一三年一月十五日接受德國電信網（T-online）訪問時提供的解釋。

——孩子們的趣味謎語

什麼是黑色和黃色，
飛過空中發出「母嘶，母嘶」（mus）？
——倒著飛的蜜蜂（蜂鳴的擬聲字為sum）。

現在，每當孩子們走向我，想說個笑話給我聽，我總會欣然接受。孩子們通常有點緊張，不知道自己是否抓到笑點，精神高度集中。然後開始：「什麼東西小小的，灰色的，跳過草原？答案是小兔子[96]。」當他說完時我必定大笑出聲，這對我而言並不困難，不論那個笑話是否真的好笑，我都敬佩這些小小笑話專家的熱情與誠意。

和內在陽光小孩一起動一動

習題

蒐集兩、三個適合孩子的笑話，例如「所有的孩子跑出著火的房子，除了克勞茲沒有跑出房子」[97]，然後說給附近的孩子們聽，並注意這些笑話是否以及如何散播開來。

迷你版

問問其他人是否能對你說個笑話，並觀察對方說笑話時的神情與姿態。

靈感來源：我也不知道，這麼多的笑話究竟從哪裡來的？

・和原生家庭再聚首

我母親過七十六歲生日時許了一個願望：「我想度過一個只有你和菲利普（就是我哥啦）的

夜晚。」她期望核心家族成員重聚。當晚我們根本沒有做什麼特別的事，只是回到老家碰面、聊天、大笑接著出門吃飯，聊聊過去的我們是什麼樣子。我們經常在放學後一起吃中餐、菲利普第一次騎輕型機車的模樣、我向朋友借了紡車紡羊毛，然後用這些羊毛織出難看的毛衣。

雖然大文豪托爾斯泰曾在著作《安娜．卡列妮娜》中表示：「所有幸福的家庭都大同小異，但每個不幸的家族各有其不幸之處。」但我相信每個家庭都有自己的旋律及頻率，以及獨特的禁忌、共同的語言；發生事情會想說出來或保持沉默；安排用餐座位的方式、告別的儀式也不盡相同。你絕對熟悉原生家庭的種種，可說是隨著母乳一起吸進體內了。若能安排自家聚會，並對自己能重新回到家裡感到高興，更是再好不過。

和內在陽光小孩一起動一動

習題

安排一個和原生家庭重新聚首的機會。選擇地點時要考慮各種需求，以及雙親、兄弟姊

96 譯註：原文是以KaMinchen（小壁爐）和KaNinchen（小兔子）玩諧音遊戲。
97 此處的梗是押韻，「克勞茲」（Klaus）與「房子」（Haus）同音。

妹的感受，使每個人盡可能在最好的狀態下參加聚會，並將談話主題轉向正面的記憶和時光。

迷你版

正式邀約前，先試著用電話與家人聯絡感情。

靈感來源：每個人的原生家庭。

·把你熟悉的遊戲教給孩子們

我經常在兒子的學校幫忙中午的輔導工作。天氣好的時候我會帶著孩子們到戶外，女孩子會玩跳橡皮繩。有一天我問她們我能不能一起玩，我內在的陽光小孩興奮不已。

我熱心地教導她們，一定要配上「白－雪－公－主－和－那一個－兩個－三個－四個－五個－六個－七個－小－矮－人」這樣的口訣。唸到「白－雪－公－主－和－那」的時候，要從橡皮筋裡面跳到外面；唸到「一個－兩個－三個－四個－五個－六個－七個－」的時候，要左右來回跳，讓橡皮繩一直維持在兩腳中間。真正要用到技巧的是「小－矮－人」這一句，這時要轉身勾起一邊的橡皮繩，並同時跨越另一邊的橡皮繩。

這是我小時候最喜歡的遊戲，沒想到過了這麼久我還記得，真的非常開心。女孩們也因為學到了一項新的玩法而樂不可支，爭相模仿了起來。三週過後的午間輔導，「白雪公主」版的跳繩遊戲還持續流行著，看來我已成功將這項「傳統」給傳承了下去。

和內在陽光小孩一起動一動

習題

回想一下，你小的時候擅長哪些遊戲。也許你知道如何用罌粟花編出手指娃娃，或是用草莖做出草刺蝟？你還記得手指繞線遊戲嗎？你能用雛菊編出一條鏈子嗎？或是摺出一架紙飛機？一旦你再度想起，你還需要一個接收者。你身邊哪個孩子對這些有興趣？當然你也可以反過來做，讓孩子教你一個他們現在流行的遊戲。

迷你版

重新回憶起一項你擅長的遊戲。

靈感來源：每一個人，這些歡樂技巧總會代代傳承。

▪打盹

嬰兒隨時隨地都能入睡。我還記得我的大兒子卡羅初次在我肩膀上睡著，完全信賴地靠在我身上的景象。我哥哥直到十二歲時幾乎每天中午都會小睡一下，但這樣的習慣在某天突然完全改變了。我母親問他為什麼不再小睡個午覺，他回答：「我不想讓自己顯得可笑。」顯然他的朋友曾因為他愛午睡而取笑他。

實際上，目前已有醫學證實，**沒有什麼比打盹更具恢復效力**，打盹也被稱為「能量睡眠」，指的是主要睡眠時間以外的短暫睡眠，有助於新陳代謝；也有別的研究報告指出，短暫午睡能提高工作效率，基本上只要小睡個十～十五分鐘就可發揮效果。

> 每天保留三十分鐘給你的煩惱，
> 然後在這段時間打個盹。
>
> ——亞伯拉罕．林肯

對茱利．亨德森（見第一二七頁）而言，打盹不僅是小睡，更是學習及記憶的最佳機會。

和內在陽光小孩一起動一動

習題

試著找出你「能量睡眠」的最佳時機。或許在週末中午躺下小睡十五分鐘，先設定好鬧鐘，然後閉上眼睛，但不必強迫自己睡著，重點在於充分休息。十五分鐘後起床。先做一些緩慢的伸展動作，再安靜地享用一杯茶或咖啡。觀察你的能量在小睡之後如何產生變化，是否有助於你更輕鬆地度過下半天。

迷你版

在工作空檔閉眼五分鐘稍作休息。

靈感來源：費希塔（Vechta）的市政機關，他們的雇員從二〇〇〇年開始可在中午小睡片刻。

・惡作劇

「哈哈哈……」我們一群人簡直笑壞了，突然間我感到下身一陣溫熱……不對，我竟然笑到尿褲子了！真是丟臉死了。這是我大學時期的事，當天課程結束後，我和朋友蘇瑟、卡倫、法蘭克還有湯瑪斯，準時在下午五點四十五分離開教室，但講師以及許多用功的同學還留在教室裡乖乖上課（明明就已經下課了）。

一群人在教室前的走廊集合，我們其中之一，可能是法蘭克，想把其他人鎖在教室裡。我們到處尋找三角形、可用來擋門的木頭楔子，然後拿起楔子從外頭把教室門頂住。這還不夠，我們非得看到其他同學和講師被困在裡頭的窘樣不可。於是大夥兒走出大樓，好從外頭透過窗戶觀看惡作劇的結果。就在我們興奮大笑之時，我突然失禁了！

偏偏除此之外什麼也沒發生，講師和其他同學毫不費力地打開教室門，甚至沒有察覺到我們的惡作劇。唯一的問題是我該如何回家。最後湯瑪斯開車載我，但堅持要我坐在我的外套上。

和內在陽光小孩一起動一動

習題

發想並真實執行一個惡作劇。我保證在你構思階段，你的內在陽光小孩就會立刻加入。

（其實光是發想就夠讓人興奮了。）但請注意，別是卑劣的惡作劇。

迷你版

最典型的迷你惡作劇是打電話，如何？你有點子了嗎？

靈感來源：我摯愛的哥哥，他永遠都有惡作劇點子。

．創意命名法

「伊塞格林狼」、「呼呼熊」、「卡克拉克卡克蟑螂」……我非常愛我的先生，因為他是個了不起的命名專家。他把我婆婆家那位過度敏感、滿頭灰髮的鄰居叫做「伊塞格林」[98]。當我們意見分歧，而且覺得我腦子裡滿是瘋狂主意的時候，他就會叫我MCP，這是「中產階級幻想」（middle class phantasies）的簡稱。

98 譯註：Isegrim，此為歐洲中古世紀詩歌寓言故事《萊尼基狐狸》（*Reineke Fuchs*）裡的狼，這個角色象徵肆無忌憚、貪婪、卑劣等特質。

我們的孩子被我先生命名為呼呼熊（卡羅）和布尼（里歐），叫卡羅呼呼熊是因為他小時候會非常可愛地打呼，而里歐的布尼則來自「小里歐小蜜蜂」，小蜜蜂（Bieni）轉音成布尼（Buni）。孩子們長大後就叫我先生「波特」，你可以想像這是什麼意思：他老是抱著《哈利波特》讀個沒完。能以創新的字眼表達出你對他人的觀察，並讓這個創意命名伴隨著對方長大，將是件很棒的事。圖文字家（Lexigraph）愛琳・麥肯（Erin Mckean）曾在TED演說「放膽創造新字眼！」（Go ahead and make up new words!）。創新語詞能吸引注意力，遠比原本的語詞更能表達你的意思，但這並不會影響它本來代表的意義。

和內在陽光小孩一起動一動

習題

將朋友和家族成員現有的小名或發明的詞彙寫下來，不論是你先生在你拿著抹布的時候喊你「清潔小魔人」；還是全家人都把塞滿塑膠袋的抽屜叫做「驚嚇抽屜」，因為我們從來不曾在這個抽屜裡找到真正需要的東西。

迷你版

簡單寫下一個小名或新創的詞彙。

靈感來源：烏里希．克勞斯大王（我先生的另一個小名）；我的朋友伍爾夫讓我知道「創意命名」這件事。

．模仿（或不模仿）父母行為

孟德法則（Mendelsche Gesetze）是什麼？沒錯，你一定已經猜到了，就是自然研究者葛雷果．約翰．孟德（Gregor Johann Mendel）。他在十九世紀透過有系統的豌豆雜交，發現某些特徵可透過遺傳獲得。孟德認為每個人都會從父母雙方獲得的特徵，並且良好地混合（vermendelt）在自己身上。的確，我們長大成人後經常發現，自己會無意識地做出一些父母親也曾做過的事，這當然不能把所有的都歸咎於基因，後天的模仿行為也有一定的影響。

我們還小的時候，雙親像和神明沒兩樣，當他們從神龕走下來，變成完全普通的人，對孩子而言可說是相當顛覆的發展。我還記得很清楚，大兒子卡羅發現我根本不會玩球時有多失望。在他生命的最初四年就受夠了我笨拙的踢球。有一天他突然變得比我更會踢球，至此他終於意識到這個殘酷的事實：他的母親根本不會射門，每次進球都只是僥倖。

青春期結束時，雙親通常已經完全被卸除魔力，青少年最喜歡鉅細靡遺地指出雙親的錯誤。「老頭，你下巴黏著一塊蛋，噁心死了。」但別太難過，他們總有一天也會無可避免地成為別人的父母親。俗話說「有其父必有其子」，這是千古不變的道理。

和內在陽光小孩一起動一動

習題

找出父母親的正面特徵或能力：母親七項，父親七項。你會發現，這些特質你大部分都擁有，也就是會有至少十四項可取的特徵結合在你身上。例如：

媽媽熱愛生活、勇敢、熱心、聰明、幽默、有時尚意識，而且懂得和他人相處。

爸爸有學識、勤勞、有組織、有自我意識、節儉、有責任感，而且他愛他的孫子。

但這些特性通常都伴隨著無可避免的缺點——「爸爸太有組織，每一分鐘都要仔細計畫，經常讓我惱火」——想到這裡之後，你可以先稍微打住。

接著，寫下你自己的七項正面特質。例如：我有創意、無憂無慮、敏感、博學、快樂、堅強、有耐心，而且我擅長烹飪。接著交叉比對，將這三張表混在一起，最後列出一張列有二十一項陽光特質的表單。你可以請人為你慢慢地唸出這張清單，一邊思考每項特質：是的，這就是我！這是我的「DNA之歌」，我的心靈正與之共鳴。

迷你版

找出雙親身上一項正面特質，然後套用到自己身上。如果你發現：「爸爸很能處理金錢」，那就說：「我也很會處理金錢問題。」」注意你的內在反應，你能毫無疑問地接受這個說法嗎？或是感覺到內心正在抗拒？你也可以改用疑問句：「我何時能好好處理金錢？」這麼做會比較簡單。

靈感來源：我們的老祖先。

・「從前從前有個陽光小孩……」

我的朋友克勞斯喜歡在孩子們睡前，訴說他小時候的故事，克勞斯在一個食指浩繁的魯爾波特（Ruhrpott）家族裡長大，他的父親開了一家雜貨店，全家人傾力撐起這家店。他的孩子們全神貫注聽他說故事，根本聽不夠「爸爸小時候」的故事。

對克勞斯而言，這是個很好的陽光小孩練習，因為他的童年也隱藏了一些灰暗的經驗，不能對孩子全盤托出，於是：他撿選出有趣的、光明的故事，例如他晚上總是和朋友們爬過墓園圍牆，好體驗毛骨悚然的感覺；或是他會幫年老健忘的毛樂太太跑腿，好賺一點小錢。向別人說起你的陽光小孩，就會強化你陽光小孩的那一面，不僅加強對陽光小孩的記憶，還能穩固正面結構。這種敘述就像化學實驗時做出結晶體的繩子：結晶體會牢牢附著在上面，快樂的記憶會附著在這些故事上，變得更真實，有些記憶甚至得經過敘述之後才會開始結晶。

這些故事不需要百分之百真實，社會科學家丹・艾瑞利（Dan Ariely）在他的著作《一半的真實是最佳謊言》（*Die halbe Wahrheit ist die beste Lüge*）總結了這一切，**我們其實非常擅長用故事欺騙自己和他人**。他的結論是：「人類天生就是說故事能手，習慣對自己述說一個又一個的故事，直到我們找到喜歡的解釋，聽起來理性，好讓自己顯得可信。如果這些故事能讓我們看起來正面就更好了。」總而言之，調整真相以及避免醜惡的事實是完全正常的行為。

和內在陽光小孩一起動一動

習題

找出聽眾，對他們敘述一個陽光小孩故事。如果你不是那麼隨機應變的人，就事先把你的故事寫下來，至少列出重點。敘述的時候仔細注意聽眾反應，你能在哪些地方能吸引他們，哪些地方他們會覺得無聊？

迷你版

說一個小小的、善意的謊言，前提是這個謊言必須創造出一個你認為值得追求的現象。例如對妳先生說：「我們大兒子昨天自動把垃圾拿去丟。」看看他有什麼反應。此外，也可以對你的伴侶述說兒時的故事，其中最好能出現動物。

靈感來源：每一個以「從前從前……」開頭的故事。

．享受無聊

當我還是孩子的時候，長假中間我會被放到祖母家代管，當時很常出現下列對話：

我：「阿嬤，我好無聊啊。」

祖母就說：「這麼無聊有時也是很美好的事。」

當時的我完全不懂她的意思，她難道不明白這種無聊的感覺有多讓人無力、憂鬱、不舒服、多麼不可置信嗎？如今，我已是成年人，我終於能理解祖母的回答。在「真正的」成人生活裡，我們持續忙碌，不斷追逐著一個又一個活動；甚至休憩時都忙著看電視、上網。從這個角度看來，偶爾讓自己無聊，才是真正的休息。此外，無聊也是創意的泉源，你可以從孩子身上觀察到，他們先是無聊一會兒，然後帶著滿滿的創意開始活動，彷彿重新充飽了電一般。

和內在陽光小孩一起動一動

習題

給自己充裕的時間，也就是好一段時間，什麼都不做。抗拒任何可能將你從無所事事轉移開來的誘惑：不要看電視、不要滑手機，看看你何時以及究竟會不會感到無聊。

迷你版

就像「無聊」這個概念表達的，這個習題沒有迷你版，否則就變「有聊」了。你只要刻意放慢、拉長呼吸就可以了。

靈感來源：我親愛的祖母。

・找回溫暖

「溫暖」對生活在德國這個高緯度國家的人是生存必需。冬天如果無法回到溫暖的房子裡、無法縮在毛茸茸的毛衣、大衣、手套和圍巾裡，任何人都會凍壞。因此溫暖對陽光小孩絕對是種生命魔藥。美國波德市（Boulder）科羅拉多大學的心理學家發現：**手裡握著溫暖的東西的人，也會覺得世界比較友善**。先在手上拿杯熱飲的受測者，會比手上拿冷飲的受測者相更為正面積極。溫暖顯然對受測者的心態也有所影響，讓他們以較為溫和的態度看待世界。

喝杯茶，然後耐心等待。

——稍做修飾後的古老諺語

對我的孩子而言，腳邊放上溫溫的熱水袋是最佳的睡眠輔助。在被窩裡放入熱水袋之後，他們就能非常放鬆地進入夢鄉。

和內在陽光小孩一起動一動

習題

為自己準備一杯你非常喜歡的溫熱飲料，好比熱茶、熱巧克力或是牛奶咖啡，放鬆心情飲用。帶著溫暖的櫻桃核枕頭（編按：內部填充櫻桃核的醫療用枕頭，可微波加熱）上床，你會感到非常舒適溫暖，把櫻桃核枕頭放在腹部或腳邊更會帶來呵護感。

迷你版

享受清晨的咖啡或茶，告訴自己：我正在享受溫暖。

靈感來源：使用櫻桃核枕頭這個點子，是我從助產士克勞迪雅那裡學來的，她說：「櫻桃核枕頭是我擁有微波爐的唯一理由。」

‧藏寶盒

你有多久沒在走進自己童年時期的房間了呢？你還記得幾乎每個兒童房都有個藏寶盒或是藏寶的角落嗎？當時你最重要的財產都收在裡面。最近我有這個榮幸——如果能看一眼藏寶盒裡面的確就是種榮幸——被准許看我教女費妮雅的藏寶盒。她問「妳想看一眼嗎？」裡面有：亮晶晶的塑膠髮圈，那是朋友送給她的；一張上面印著猴子嬰兒的明信片，那是她在動物園用自己的零用錢買的；還有一顆石頭，是她在上學路上發現，她很喜歡這顆石頭，因為上面有一條線。

幾乎每個孩子都在某處藏著個寶貝盒子，就連壞男孩也有。J‧K‧羅琳（Joanne K. Rowling）在《哈利波特》創造佛地魔時，她也運用了這一點。過去佛地魔住在孤兒院，還叫湯姆‧瑞斗（Tom Riddle）的時候，他在衣櫥裡藏了玩具，是他從其他孤兒那裡搶走的。我到現在仍然不懂，為何成年人不把長大之後的寶貝也放進童年的藏寶盒裡呢？

和內在陽光小孩一起動一動

習題

整理一個小小的藏寶盒，為了讓盒內維持一目了然，不要超過七件（或視情況增減兩件）東西。七這個數字很神奇，只要比七更多，就會超出我們能同時覺知的範圍。因此盒內只需蒐集本身就很漂亮的物品，或是讓你想起美好回憶的東西。你也可以把寶盒公開陳列，放在一個碟子上，或是把裡頭的寶貝拿出來裝飾窗臺。

迷你版

找出一樣你特別喜愛的東西即可

靈感來源：童年時期的兒童房。

・和孩子一起禱告

「如果祈禱有用，你想我會向上天祈求什麼。是的，如果祈禱有用，你想我會祈求什麼，求什麼。」BAP樂團的沃夫岡・尼德根（Wolfgang Niedeggen）唱出了對祈禱的質疑，這是能主動建立起信仰連結的孩子們不會有的疑惑。他們熱切地以內在信念祈禱，確信親愛的上帝會聽到他們的心願。有很長一段時間，我會在晚上和孩子們一起祈禱，感謝今天平安度過，並再次檢視這當中有什麼美好的體驗。此外，我們也經常祈求協助。對內在陽光小孩而言，將自己託付給一段超然的關係非常重要，我們需要知道某人就在那裡，祂會陪伴你一起承擔，不論你做了什麼、遇上了什麼，祂都會認真諦聽你的需求。

成年人經常喪失對上帝的信仰，因為教堂教導給我們的上帝，已經越來越不適合現代社會和理性思考。我們疏遠了教堂，許多人說：「我雖然多少信仰上帝，但就算用十匹馬也別想拉我進教堂。」現在還有誰會去教堂祈禱？美國作家肯思・威爾伯（Ken Wilber）描述，今日某人，或者甚至是商業夥伴，要是在教堂裡屈膝衷心祈禱時被碰個正著，甚至會感到羞赧。

大家不妨自問：我兒時的上帝究竟怎麼了？這個問題非常值得一提。上帝如今在我的生命裡有何位置？誰會回答我心靈方面的問題？或許該是時候該發展出不一樣的上帝形象了。

和內在陽光小孩一起動一動

習題

如果你也是宣稱自己不信上帝的人，就假裝你還是會對上帝說話吧。把祂當作你的朋友，和祂分享你的感恩之心和憂愁。

迷你版

回想起你兒時最常說的祈禱詞，例如：「我還小，我的心純淨。沒有人能住在我的心裡，除了耶穌基督。」

靈感來源：童年時的信仰。

・真實體驗

德西廣播公司（WDR）的節目《小鼠做節目》（*Sendung mit der Maus*）常常介紹真實的故事（Sachgeschichte），這些短片會用淺顯易懂的方式敘述各項科普知識，好比如何提煉楓糖、牙膏裡的色條是怎麼做出來的。我的孩子總是深受「這東西究竟怎麼做？」的問題吸引。讓他們特別激動的，是一系列記錄「飛機起飛或著地之前，必須完成的每一件事」的影片。

當然，如果我們能在某處親臨實境就更好了。好比學習石器時代的人磨穀子，然後烤成扁麵包。我曾在施德樓（Staedtler）鉛筆工廠裡，聽著工廠長解說筆芯如何放進到鉛筆裡；在科隆市巧克力博物館裡，有透明的巧克力製造過程，那個巨大的巧克力湧泉真是誘人。**可以摸到、聞到和看到實物，是與閱讀書本截然不同的學習方式**，即使身為成年人，也該體驗這種活生生的學習經驗。

和內在陽光小孩一起動一動

探聽你附近何處及何時有參觀工廠的活動，或是消防隊何時舉辦公開參觀日、當地麵包店何時開放參觀。然後和朋友或是兒孫一同前往，也可事先安排你想提出的問題。

迷你版

拜訪《小鼠做節目》的網頁，觀看真實故事（見下方連結）。

靈感來源：《小鼠做節目》。

《小鼠做節目》網頁

・重新感到驚奇

盛開的木蘭花、天上的飛機，都會讓孩子們驚嘆不已，所有的孩子都是驚喜大師。他們以全身上下的歡喜迎接全世界的奇妙：嘴巴張開，身體姿勢呈現開放狀態，但也有時候保持不動，好對眼前驚奇的事物表達十足的敬意，然後大聲呼喊：「媽媽，妳看！」

和兩、三歲的孩子一起到麵包店的短短路程，往往可以走上幾小時，因為有太多東西可以看了：赤翅螢、蒲公英、烏鶇……一切都令他們驚奇，而行程滿滿的成年夥伴可能早已失去耐性。也許正是因為小時候大人經常強迫你繼續前進，驚奇之旅受到阻礙；也可能因為我們一生根本無法承受這麼多驚奇，於是有一天我們就停止驚嘆。在接下來的生命裡，我們變得遲鈍，於是我們常常需要某個人，好比《凱特維佐》（*Catweazle*），來把驚奇透過電視帶回我們生命裡。

《凱特維佐》是個系列電視節目，我小時候非常喜歡。故事敘述一個中古世紀巫師，因為不小心喝下魔藥，而來到一九七〇年代的英國。凱特維佐遇上一個又一個的驚奇，其中最令他驚嘆不已的是所有的現代電器，他以為這些物品背後隱藏著偉大的魔力。我還小的時候，這個總是有些粗線條的魔法師就讓我注意到，現代世界的確很值得驚奇。

和內在陽光小孩一起動一動

練習

首先你必須創造「感受驚奇的意願」，也就是刻意去尋找值得讓你感到驚奇的東西。最好是到大自然裡散步，注意自己的眼光停在何處。如果你看到什麼，停下來，然後讓眼前所見之物對你產生作用。大聲說出：「啊」或是「哇」，然後一邊把手舉高。進階的方式是讓驚奇回到日常生活，例如火車為何每天都能準時到站，你難道不好奇嗎？你的手能做這麼多事，難道不神奇嗎？自來水為何能從水龍頭流出來？這也太不可思議了吧！

迷你版

毫無來由地發出驚奇：站起身、把手舉高、手心朝上，然後說：「哇！」

靈感來源：所有的三歲小孩和茱利．亨德森。

．來個小戰鬥

「媽媽，拜託讓我們再玩一下小戰鬥。」多年以前，我和兒子們在家裡厚厚的客廳羊毛地毯上玩摔角。我立下嚴格的規定：只能在地毯上戰鬥；雙方都只能以長跪姿直立身體；如果其中一人疲累地大叫「饒了我吧」，就算另一方贏了。雖然有這些安全措施規則，我十歲的兒子里歐有天還是不小心一個甩手害我的下巴脫臼。這時我終於明白——我的小男孩終於長大了。

衡量自身力量進行戰鬥，可說是生存的基本需求，至少對男孩子是這樣，很可能也適用於女孩們。這種傳統的小戰鬥不只受到我家人的歡迎，我也曾和我的教子米夏埃爾一起玩雷射劍打鬥。絕地武士有十條命，每被打中一次身體就損失一條命。遊戲規則很清楚，但我們有時還是需要裁判，裁判必須判定打在腳上算或不算。戰鬥之後我們都向對方尊敬地行禮，有如正式的較勁場合。

和內在陽光小孩一起動一動

習題

找個體重、身高和力量和你旗鼓相當的戰鬥對手。用膠帶在地上貼出一條線，然後站好，標線位在你們、中間，然後雙方用手相抵。聽到「開始」就開始戰鬥：試著互相推擠，好進入對方的領域。可以發出戰鬥呼號和使用其他伎倆，先踏進對方領域的人就贏了。

你甚至可以把這種戰鬥想成對生命的譬喻：雙方透過戰鬥互相成長：你越強，對方的力量也可能越強，這樣的競爭可讓我們維持活力。

迷你版

和你的夥伴比賽腕力。

靈感來源：世界上每一種競技運動。

・快樂戲水

你一定記得兒時的玩水遊戲：穿著雨鞋走過水坑，用花園的水管把別人澆得一身濕，在浴缸裡製造肥皂泡泡。我的孩子們洗澡時，我就有整個浴室都會被弄得濕答答的覺悟。他們總是從浴缸斜邊滑下去，弄得水花四濺。儘管我常被惹惱，但他們可藉此得到無比的戲水樂趣。我也喜歡用水球或水槍打水仗，那種在炎熱的夏季被冰涼噴濺的水嚇一跳的感覺。

她想要當水裡的魚，
在深綠色的深海裡。
她想要喝水直到醉，
然後吹出幾個泡泡。

——尼娜・哈根（Nina Hagen，德國龐克歌手）

如果你想讓內在的陽光小孩開心一下，就帶他一起去游泳池或戲水池，最好能有溜滑梯、漩渦池和波浪池，或是直接到海邊並下水去玩。陽光小孩通常對游泳沒什麼興趣，他比較想在水裡瘋狂玩耍，感受水的阻力，或是被水托起四處浮動。若是在河邊，他會脫掉鞋子和襪子走過小河、築起土堤。就連往前助跑然後跳過一個大水坑，對你的陽光小孩而言也有無比的樂趣。

和內在陽光小孩一起動一動

習題

和你喜歡而且也有個內在陽光小孩的人一起去戲水池，玩遍每一種遊戲：坐在輪胎上滑下陡峭的滑梯；在波浪池玩捕捉遊戲；或是潛到漩渦池底。

迷你版

讓自己享受溫暖的足浴，把一塊毛巾放在足浴盆下方，好讓你自己能隨心所欲地玩水。在水裡用腳寫字母；把腳像汽車雨刷一樣來回運動，使自己能感覺水的阻力；或在水裡用力踏幾下。

靈感來源：每一隻快樂的小水蛙。

・和數字玩遊戲

從小學開始，我最喜歡的數字一直是8，我向來喜歡它的雙重圓形。在我的內在心靈裡，8是橘色，而1是深藍色。讀到高年級的時候，我非常高興的得知，躺著的8是數學符號，代表無限大。2×2×2＝8含有宇宙無限可能性的暗示。躺著的8在運動治療學（Kinesiologie）中具有特殊意義。當你在地上用身體躺著寫8，或是用手在空中畫出躺著的8，可同時活化左右兩邊的腦，讓大腦回到平衡狀態。

問題：「為什麼海盜（Piraten）不能計算一個圓的面積？」
答案：「因為他們的圓周率（Pi）是用猜的（raten）。」
（編按：此為字母拆解的梗。）

——趣味問題

人們剛開始學算術的時候總是非常開心，把積木按照大小和顏色分類，或是把玩偶排成十個一列。四~五歲的小孩已具備處理數字的能力和知識。我們首先用手指加總，之後學會乘法、減法和除法。然而一旦進入較高等的數學，就會遇到許多干擾。我們計算太慢，就是不懂二元二次方程式，或是對梯形面積計算感到絕望——沒有其他科目像數學一樣開那麼多的課後輔導。

偏偏真實生活裡根本很少有機會需要親自計算，幾乎沒有人會在腦子裡預先加總購物金額，一般而言，超市裡的結帳櫃檯不需要我們插手也能順利完成（有收銀機呀）。但和數字玩遊戲真的會帶來樂趣，因此我鄭重邀請大家重新征服這個領域。

和內在陽光小孩一起動一動

習題

上網搜尋《袋鼠數學競賽》，題目和解答可從左方連結取得。不必擔心丟人現眼，你可以像我一樣先從三年級和四年級的題目開始，再慢慢加深難度。

迷你版

- 計算車牌號碼的數字總和。
- 把車牌號碼相乘。
- 預先計算購物總額，結帳小姐可能會為此困惑，因為你已把正確金額拿在手上。
- 計算一個圓的面積。你需要先知道圓周率，那是多少呢？
- 估計距離，然後用一公尺的步伐驗證。
- 估計書的大小，然後拿尺驗證你的推測。

靈感來源：各種以蒙特梭利教學法為主題的數學課。

《袋鼠數學競賽》網頁

・陽光小孩信條

本書的實作部分即將結束，這時你或許會想：「講了這麼多，真的有用嗎？我雖然讀了這本書，但是我的陽光小孩之後還是會再度被遺忘。日常生活已經夠多壓力了，我怎麼可能還做什麼陽光小孩練習呢？」請大家記住這句話：「不做，好事就不會發生。」我很明白那種被日常生活折磨得全身無力、不願嘗試新事物的感受。我本身讀過許多以實際操作為取向的書籍，但親自嘗試過的只有很小一部分，有時根本沒試過。我於是安慰自己，閱讀本身就已經有幫助，根本不須親身試驗。但真的是這樣嗎？或者這只是一個你維持自尊的謊言？真的去做做看不是更好嗎？我們必須從書本中搭起一座通往現實生活的橋梁。

工作得有如不需要金錢。
去愛有如不會有人傷害你。
旁若無人地舞動，
歌唱就像沒人聽到。
生活，有如身在人間天堂。

——馬克・吐溫（仍待考證）

但是一座通往日常生活的橋梁是什麼樣子呢？我們總需要一些能讓人隨時記起的東西，例如某種提醒語，讓人注意到自己內在還有個陽光小孩，也就是一句陽光小孩信條。「信條」這個字眼來自拉丁文，意思是「我相信」，因此信條是種**信仰自白**，我們可以為自己寫出一句陽光小孩提醒語，好比：「我內在的太陽永遠閃耀。」、「我是個陽光小孩。」、「我要盡可能多跳點舞。」等。

和內在陽光小孩一起動一動

習題

擬定一句你覺得最適合自己內在陽光小孩的提醒語，把這個句子用繽紛的色彩寫在卡片上，然後掛在家裡你看得見，而且會反覆看到的地方。

迷你版

把句子減少到只有一個詞，好比「生命的喜悅」或是「愛」。

靈感來源：每一句發人深省的信條。

第四章

陽光小孩需要哪些養分？

大人小孩都適合的陽光小孩書籍

哪些書本能觸動你內在的陽光小孩，只有你自己知道。是快樂的書？充滿希望的書？或是那些有韻腳的書？以下我簡單列出一些參考書目，我的陽光小孩直到現在都還很喜歡，除了自己閱讀外，你也可以替孩子們朗讀：

- 《佛列德瑞克》（見第二一九頁）：小老鼠佛列德瑞克為冬天蒐集顏色。每當我在早秋時分坐在陽臺上，沐浴在一年將盡的陽光底下，就會想起佛列德瑞克。
- 《亨麗葉塔．賓莫邦》（*Henriette Bimmelbahn*）：我很喜歡亨麗葉塔，她很愛熱鬧、把氣氛弄得很歡樂。作者詹姆斯．克呂斯（James Krüss）彷彿用盡了所有的力氣，替亨麗葉塔寫出最棒的、如畫作般美麗的文字。
- 《長襪子皮皮》系列叢書（見第一〇一頁）：誰不認識長襪子皮皮？她來自多采繽紛別墅（Villa Kunterbunt），身邊有她的猴子尼爾森先生和一匹駿馬。其餘不用我多說，但我還是要強調，這系列的原著叢書遠比任何改編電影都好看。
- 《小熊維尼》：呆呆的維尼熊、小豬、貓頭鷹、兔子、驢子屹耳、袋鼠媽媽和浮躁的跳跳虎就是這麼讓人愛不釋手。不論是維尼卡在蜂蜜罐子裡，還是他在冬天散步的時候，總是一再絆到同一棵樹。「冬天的森林裡是那麼寒冷……」讓人忍不住微笑。

- 《野獸國》：我在前文已經約略提過（見第一二〇頁），這本書裡對你的陽光小孩最好的句子是：「現在，馬克斯說，讓我們大鬧一場吧！」
- 《兔子努利和青蛙慕特》系列繪本：聰明的兔子努利和好心的青蛙慕特是最好的朋友，詳見馬蒂亞斯・索德克那系列有關友誼的繪本（見第一五五頁）。
- 《法蘭茲》系列叢書（見第二一六頁）：這些書是我和我的孩子們一起發現的。主人翁法蘭茲・佛路斯特（Franz Fröstl）是來自維也納的小學生，有著金色卷髮，書裡所有的故事都圍繞著孩子的日常生活：法蘭茲和他的朋友佳比一起上學，結果遲到了，因為佳比非要看寵物店裡的倉鼠不可。法蘭茲在學校假期到阿姨家度假，他很想加入朋友的足球隊。我喜歡每一個法蘭茲的故事，作者克莉絲蒂娜・諾斯特林格充滿慈愛，興趣盎然地眨眼看著佛路斯特的家庭生活。

給陽光小孩的遊戲

我家小孩很喜歡玩遊戲，這時我的內在陽光小孩一定會現身參與。大部分的遊戲不需要額外材料，但有些棋盤或戶外遊戲還是值得花點小錢。以下是一些選擇：

- 作弊飛蛾（Mogelmotte）：玩這個紙牌遊戲時，你得做些原本被禁止的事——也就是作弊。你可以把牌藏在圍巾底下，或藏在袖子裡面，小心別被逮到（適合七歲以上，三～五個玩家）。

- **酷吧／維京海盜棋（Kubb / Wikingerschach）**：這是種運動和策略遊戲，可以兩個人玩，也可以多人一起玩。遊戲袋裡有許多木釘，可用來標示你的國度，並嘗試吞併對手的土地。對手也會對你做同樣的事，木釘必須盡可能投得靠近目標。YouTube有相關影片（見下方連結）（適合八歲以上，二～大約十個玩家）。
- **拼字塗鴉（Scrabble）**：小時候我很常和祖母玩這個遊戲，儘管遊戲規則有些嚴格，但仍適用於孩子們。如今我還是喜歡玩拼字塗鴉，和隊友一起討論某個字是否真的存在，例如，到底有沒有「楔形拳」這個字眼呢？（適合十歲以上，二～四個玩家）。
- **室內投球（Indoor-Boule）**：室內投球，別名交叉投球（Cross-Boule），是用軟的球（通常稱為小豬）來玩（相關影片見下方連結），你可以在毫無顧忌地整個房子裡投球；另一個優點是不受天氣影響（適合六歲以上，兩個以上的玩家）。
- **妙語說書人（Dixit）**：首先你會拿到幾張神奇滑稽彩色圖畫卡片，由藝術家瑪麗．卡度阿特（Marie Cardouat）繪製。玩家必須形容卡片上的圖畫讓其他人猜猜看，你提供的訊息不能太仔細，但也不能太籠統。總而言之：妙語說書人是種促進想像力、語言詼諧和凝聚力的遊戲（適合八歲以上，三～六個玩家）。

- **快艇骰子遊戲**（**Kniffel**）：快艇骰子是相當經典的骰子遊戲，大人、小孩都適合，我至今仍是在行得很。（相關影片見下方連結）（適合八歲以上，二～八個玩家）。

給陽光小孩的影片

所謂的陽光小孩影片大多以快樂為基調，你可以和孩子一起觀賞，也很適合成年人獨自觀看，娛樂性絕佳。以下建議的影片都標示了零～六歲的分級，提供各位參考：

- **《愛麗絲夢遊仙境》**（***Alice in Wonderland***）。看過愛麗絲和瘋狂製帽師喝茶的人就知道，這中間絕對有極具創意的陽光小孩參與其中。（《愛麗絲夢遊仙境》，卡通影片，美國出品，一九五一年，電影分級：無年齡限制。）
- **《森林王子》**（***The Jungle Book***）。在叢林裡長大的陽光小孩毛克利，受到理性豹子巴希拉的細心呵護，被快樂而無憂無慮的熊巴魯帶到叢林裡的人類村落。途中唱歌、跳舞。片中有許多動聽的背景歌曲，例如《愜意地試試看》（*Bare Necessities*）還有《我想和你一樣》（*I Wanna Be Like You*），我的陽光小孩很喜歡這些曲子的旋律。（《森林王子》，卡通影片，美國出品，一九六七年，電影分級：無年齡限制。）

- 《馴龍高手》（*How to Train Your Dragon*）。主角小嗝嗝給我們的訊息是：「相信你的童年自我，即使整個維京村落起初都反對你。」感謝我的朋友米夏拉注意到這部影片：「那些龍實在太可愛了。」（《馴龍高手》，電腦動畫，美國出品，二〇一〇年，電影分級：六歲以上。）
- 《情定巴黎》（*French Kiss*）。在這部影片裡，你可以看見來自美國的梅格．萊恩（Meg Ryan）扮演理性的成年自我；法國人凱文．克萊（Kevin Kline）則扮演野性的童年自我。（《情定巴黎》，美國出品，一九九五年，電影分級：六歲以上。）
- 《神偷奶爸》（*Despicable Me*）第一集。孤兒毛毛（Margo）、蒂蒂（Edith）和安安（Agnes）藉著超級惡棍格魯（Gru）和小小兵（Minions）的協助，從生命的陰暗走向光明面。（《神偷奶爸》，電腦動畫，美國出品，二〇一〇年，電影分級：沒有年齡限制。）此外，第二集也很值得觀賞。
- 《小太陽的願望》（*Littel Miss Sunshine*）。七歲的奧莉弗決心成為「小太陽小姐」，讓原本分崩離析的家族團結起來，呈現出最好的一面。（《小太陽的願望》，美國出品，二〇〇六年，電影分級：六歲以上。）
- 《馬達加斯加》（*Madagascar*）。在動物園裡生活不但安全，食物又會自動送上門，但當斑馬馬蹄（Marty）、河馬莉（Gloria）、長頸男（Melman）和愛力獅（Alex）到了馬達加斯加曠野之後，才獲得真正的樂趣。（《馬達加斯加》，電腦動畫，美國出品，二〇〇五年，電影分級：無年齡限制）。此片目前已經有兩部續集，同樣值得觀賞。

- 《歡迎來到北方》（*Bienvenue chez les Ch'tis*）。一般人都嚮往南法（法國南部）風情，但除此之外，全世界還有其他地方可讓你擁有光明且值得一過的生活嗎？法國北方的幾個省分以整個村落呈現真正的誠摯溫暖，讓觀眾歡笑不已。（《歡迎來到北方》，法國出品，二〇〇八年，電影分級：無年齡限制。）
- 《逆轉人生》（*Intouchables*）。自頸子以下癱瘓的男子菲利普，有人能喚起他的生命愉悅嗎？看護德里斯以他未經雕琢而大膽的內在陽光小孩力量辦到了。（《逆轉人生》，法國出品，二〇一一年，電影分級：六歲以上。）

給陽光小孩的音樂

音樂品味這件事的確有很大的討論空間，任何公開自己播放清單的人都只會招來批評，但在此我還是勇敢地向各位介紹我最愛的幾首陽光小孩歌曲。如果你喜歡，可從下列這份曲目發想，整理出你自己的陽光小孩歌單：

- 〈藍色〉（*Azurro*），阿德里安諾．塞蘭塔諾（Adriano Celentano）（專輯名稱《超級精選》〔*Super Best*〕）。
- 〈搖擺〉（*Bamboleo*），吉普賽國王樂團（Gipsy Kings）（專輯名稱《吉普賽國王》〔*Gipsy*

Kings〕）。

- 〈熱情可可〉（*Coco Jambo*），總統先生樂團（Mr. President）（專輯名稱《我們看到同一個太陽》〔*We see the same sun*〕）。
- 〈起笑蛙〉（*Crazy Frog*），阿克瑟．F（Axel F.）（專輯名稱《起笑蛙》〔*Crazy Frog Pres.*〕）。
- 〈不要在這時阻止我〉（*Don't Stop Me Now*），皇后樂團（Queen）（專輯名稱《白金選輯》〔*The Platinum Collection*〕）。
- 〈長頸鹿曼波〉（*La Girafe Mambo*），桂姆與查卡（Guem et Zaka）（專輯名稱《打擊樂器》〔*Percussion*〕）。
- 〈生日快樂〉（*Happy Birthday*），史蒂夫．汪達（Stevie Wonder）（專輯名稱《比七月更熱》〔*Hotter then July*〕）。
- 〈快樂〉（*Happy*），菲瑞．威廉斯（Pharrell Williams）（專輯名稱《女孩》〔*Girl*〕）。
- 〈假日〉（*Holiday*），DJ 安托萬與阿肯（DJ Antoine feat. Akon）。
- 〈下雨了〉（*It's Raining Men*），氣象女孩（Weather Girls）節奏藍調組合（專輯名稱《成功》〔*Success*〕）。
- 〈擠擠〉（*Jamming*），鮑勃．馬利與哭泣者樂團（Bob Marley & Wailers）（專輯名稱《出走》〔*Exodus*〕）。

- 〈如冰在日下〉（*Like Ice in the Sunshine*），比格音樂公司（Beagle Music Ltd.），某電影院最愛播放的冰淇淋廣告歌曲。
- 〈我的小小綠色仙人掌〉（*Mein kleiner grüner Kaktus*），原曲由柏林人聲樂團「喜劇演員和聲」（Comedian Harmonist）演唱，馬克斯·拉伯（Max Raabe）版本。
- 〈愜意地試試看〉，迪士尼電影《森林王子》裡的歌曲，由熊巴魯（別名愛德加·歐特Edgar Ott）演唱（專輯名稱《森林王子原聲帶》〔*The Jungle Book Original Soundtrack*〕）。
- 〈閃亮快樂的人們〉（*Shiny Happy People*），R.E.M. 樂團（專輯名稱《超越時空》〔*Out of time*〕）。
- 〈四季：春〉（*Vier Jahreszeiten - der Frühling*），安東尼奧·韋瓦第作曲（Antonio Vivaldi）。
- 〈如果我是德國之王〉（*Wenn ich König von Deutschland wär*），里奧·瑞塞爾（Rio Reiser）（專輯名稱《里奧 I》〔Rio I〕）。
- 〈我們不說美語〉（*We No Speak Americano*），強森·比特森及席維斯特·馬丁內茲（Johnson Peterson & Sylvester Martinez），尤蘭大冷靜點與 DCUP 樂團（*Yolanda Be Cool & DCUP*）版本。
- 〈尊巴嘿尊巴哈〉（*Zumba he Zumba ha*），DJ 曼斯（DJ Manns）。
- 〈藍色多瑙河〉（*An der schönen blauen Donau*），或是由約翰·史特勞斯（Johann Strauß）演

奏的任何一首華爾滋。

上網拜訪陽光小孩

更多即時訊息、遊戲、點子，以及任何有關陽光小孩的訊息都可以在下方連結找到。

「陽光小孩」網頁

結語

拯救一個孩子，就意味著拯救這個世界

我知道並非全世界的孩子都能過著幸福的生活，許多小孩甚至沒有機會認識生命光明的一面，尤其是那些受到貧窮、環境災難和戰爭極度折磨的孩子們，因此我要捐出本書（德文版權）銷售利潤的三分之一給幫助兒童的組織。

拯救一個孩子，就意味著拯救這個世界。

——費奧多爾．米哈伊洛維奇．杜斯妥也夫斯基（Fjodor Michailowitsch Dostojewskij）

大眾心理館 347

81 個練習，找回內在陽光小孩

讓生活更愉快、主動、有創造力

作　　者／優莉亞．托慕夏（Julia Tomuschat）
譯　　者／不　言
副總編輯／陳莉苓
資深編輯／李志煌
行銷企畫／陳秋雯
插　　圖／Hui Jane
封面設計／王信中
內頁排版／江慧雯

發行人／王榮文
出版發行／遠流出版事業股份有限公司
100 臺北市南昌路二段 81 號 6 樓
郵撥／ 0189456-1
電話／ 2392-6899　傳真／ 2392-6658
著作權顧問／蕭雄淋律師

國家圖書館出版品預行編目（CIP）資料

81 個練習，找回內在陽光小孩：讓生活更愉快、主動、有創造力／優莉亞．托慕夏（Julia Tomuschat）著；不言譯 .
-- 初版 . -- 臺北市：遠流，2018.01
272 面；17×23 公分 . --（大眾心理館；347）
譯自：Das Sonnenkind Prinzip

ISBN 978-957-32-8169-6（平裝）

1. 心理治療 2. 生活指導

178.8　　106020633

2018 年 1 月 1 日 初版一刷
售價新臺幣 320 元（缺頁或破損的書，請寄回更換）

ISBN　978-957-32-8169-6

遠流博識網

http://www.ylib.com
E-mail:ylib@ylib.com
Original title: Das Sonnenkind-Prinzip: Selbstliebe, Leichtigkeit und Lebensfreude wiederentdecken
by Julia Tomuschat©2016 by Kailash Verlag,
a division of Verlagsgruppe Random House GmbH, München, Germany
Through Andrew Nurnberg Associates International Limited